Lasst uns reden!

Stefanie Molthagen-Schnöring
Dietmar Mothagen

Lasst uns reden!

Wie Kommunikation in Politik, Wirtschaft
und Gesellschaft gelingen kann

Bibliografische Information der Deutschen Nationalbibliothek

Die Deutsche Nationalbibliothek verzeichnet diese Publikation in der Deutschen Nationalbibliografie; detaillierte bibliografische Daten sind im Internet über http://dnb.dnb.de abrufbar.

ISBN 978-3-8012-0560-7

1. Auflage 2019

Copyright © 2019 by
Verlag J. H. W. Dietz Nachf. GmbH
Dreizehnmorgenweg 24, 53175 Bonn
Umschlag: Petra Bähner, Köln
Gestaltung und Satz: TypoGraphik Anette Bernbeck, Gelnhausen
Druck und Verarbeitung: CPI books, Leck
Alle Rechte vorbehalten
Printed in Germany 2019

Besuchen Sie uns im Internet: www.dietz-verlag.de

Inhalt

Lasst uns reden – Eine Einleitung	6
Raus aus der Echokammer – Mit und über Politik reden	10
Vom Anheizen zum Anstiften – Die Rolle der Medien in gesellschaftlichen Debatten	33
»Mehr Kontroverse wagen« – Interview über Dialoge in der Wissenschaft mit Manuel J. Hartung	52
Mehr als Marketing?! – Wie sich die Wirtschaft in gesellschaftspolitischen Debatten positioniert	63
»In der Kunst geht es darum Spannungen zu gestalten« – Interview über Dialoge im Kulturbetrieb mit Ulrich Khuon	83
Die Rückkehr der Salonkultur – Debatten im privaten Raum führen	94
»Religion kann das Beste im Menschen aktivieren« – Interview über Dialoge und Religion mit Christina Brudereck	110
Das wird man ja wohl noch sagen dürfen – Rhetorische Strategien für Dialog über Meinungsgrenzen hinweg	117
Die Autorin, der Autor	143

LASST UNS REDEN – EINE EINLEITUNG

In den 1980er-Jahren wurde ein Bestseller der Kommunikationslehre publiziert: die ersten beiden Bände von »Miteinander reden« des Hamburger Kommunikationspsychologen Friedemann Schulz von Thun. Noch heute finden seine Modelle und Werkzeuge zur Verbesserung der zwischenmenschlichen Kommunikation Verwendung in Seminaren und Trainings – es wird kaum einen Studenten[1] der Kommunikationswissenschaft geben, der nicht von ihnen gehört hat. Das Bestechende an Modellen wie dem »Vier-Seiten-Modell« oder dem »Inneren Team« ist gerade die Reduktion von Komplexität und die Konzentration auf einige wenige Regelmäßigkeiten menschlicher Kommunikation. Schulz von Thun ist dabei von der Prämisse ausgegangen, dass Kommunikation störanfällig ist, dass also gelingende Kommunikation eher die Ausnahme als die Regel darstellt.

Legt man diesen Ansatz zugrunde, verwundert es nicht, dass wir rund 30 Jahre später, mit viel mehr Medien und Möglichkeiten der Information und Kommunikation konfrontiert, neu darüber nachdenken, warum es uns so schwer fällt, miteinander zu reden und ob und wie man dies ändern kann. Unter dem gleichen Titel wie Schulz von Thuns Trilogie rief Ende 2018 die Bundeszentrale für politische Bildung (BpB) Kleinstädte und Gemeinden zu einem Ideenwettbewerb auf, um die »Gestaltung neuer Formen von lebendiger und streitbarer Gesprächskultur« auszuloten. In einem begleitenden

---

[1] Die Autorin und der Autor verwenden im Interesse von Lesbarkeit und Prägnanz des Textes die männliche Schreibweise. Dabei sind stets Angehörige aller Geschlechter inkludiert.

Magazin versammelte die BpB Beiträge rund um das Thema »Reden wir!?«, die die Rolle des persönlichen Gesprächs in Zeiten der Digitalisierung betonten.

Derzeit zeigt sich allerorts eine Sehnsucht nach analogen Orten, an denen Menschen zusammenkommen, um mal wieder »richtig« miteinander zu reden. Wobei die Frage, was richtig ist, in guter konstruktivistischer Manier im Auge (oder besser im Mund und Ohr) des Betrachters liegt. Dies macht bereits auf eine Grundannahme dieses Buches aufmerksam: Es mag Wahrscheinlichkeitsprinzipien für das Gelingen von Kommunikation geben, aber es gibt keine Gesetzmäßigkeiten dafür. Zu vielfältig sind die Kommunikationssituationen, zu individuell die Akteure. Daher findet sich in diesem Buch auch kein Patentrezept für die perfekte Diskussion in fünf Schritten. Stattdessen tragen die Autoren der genannten Vielfalt Rechnung, indem sie Kommunikation aus verschiedenen Perspektiven und in verschiedenen Gesellschaftsbereichen betrachten und jeweils spezifische Empfehlungen abgeben. Diese Perspektiven sind zum einen die eines Politikwissenschaftlers mit langjähriger Erfahrung in der politischen Bildungsarbeit und zum anderen die einer Kommunikationswissenschaftlerin, die nach mehrjähriger Tätigkeit in der Kommunikationsberatung zu den Themengebieten Medien und Wirtschaftskommunikation lehrt und forscht. Beide Autoren verfügen darüber hinaus über jahrelange Erfahrung in der Dialogorganisation für verschiedene Auftraggeber, Kooperationspartner und Zielgruppen.

Als Bereiche, in denen heute diskutiert und gestritten wird, stehen der private Raum, Politik, Medien und Wirtschaft im Zentrum der Betrachtung jeweils eines Kapitels. Ergänzt werden diese Beiträge durch drei Interviews, die Debatten in Kultur, Wissenschaft und Religion beleuchten. Wir danken Ulrich Khuon, Intendant des Deutschen Theaters Berlin und Präsident des Deutschen Bühnenvereins, Manuel J. Hartung, Ressortleiter Chancen bei der Wochenzeitung »Die ZEIT«, sowie Christina Brudereck, Theologin und Schriftstellerin, für die inspirierenden Gespräche.

Sowohl bei den Interviews als auch bei der Recherche hat sich gezeigt, dass derzeit sehr bewusst über zwischenmenschliche Kommunikation und gesellschaftliche Debatten nachgedacht wird. Dieser Befund steht im Einklang mit einer zunehmenden Politisierung, die in Anbetracht der jahrelang beklagten Politikverdrossenheit zunächst einmal positiv zu werten ist. Menschen scheinen ein Hallo-Wach-Moment zu benötigen, dies gilt aktuell in Bezug auf die Klima-Debatte genauso wie vor einigen Jahren für die ersten Wahlerfolge rechtspopulistischer Parteien. Doch gleichzeitig droht nach dem gesellschaftspolitischen Erwachen auch eine gewisse Sprachlosigkeit. Die Beiträge in diesem Band wollen aufzeigen, wie sie überwunden werden kann. Viele Beispiele verdeutlichen, wie die verschiedenen gesellschaftlichen Akteure sich in Debatten positionieren und mit welchen Herausforderungen sie dabei zu kämpfen haben. Überall zeigt sich das Spannungsfeld zwischen dem Wohl des Ganzen und eigenen Interessen, zwischen strategischen Überlegungen und praktischem Tun. Bezieht ein Unternehmen, eine Partei oder auch eine Privatperson Position, wird ihr häufig unterstellt, eine spezifische Agenda zu verfolgen; Aussagen werden in einem größeren Kontext beurteilt und auf Authentizität und Glaubwürdigkeit hinterfragt. Gleichzeitig werden viele Debatten stark emotionalisiert geführt; es gewinnt nicht das bessere Argument, sondern die beste Performanz.

Und trotzdem stellen sich Menschen und Institutionen der Debatte und suchen Anlässe, um mit anderen ins Gespräch zu kommen. Man trifft sich zu Salonabenden, diskutiert in der Kantine oder bei politischen Veranstaltungen. Auch die sozialen Medien scheinen neue Debattenräume zu eröffnen, was jedoch – so viel kann hier schon gesagt werden – derzeit mehr Illusion als Wirklichkeit ist. Illusorisch ist es auch zu glauben, dass ein gut geführtes Gespräch oder eine Dialogveranstaltung ausreiche, um andere Menschen von einer bestimmten Position zu überzeugen. Dies geschieht erst recht nicht, wenn dieses strategisch-instrumentelle Ziel im Gespräch allzu deutlich wird. Wer für das Miteinander-Reden streitet, weil er sich davon die Durchsetzung der eigenen Meinung erträumt, sucht keinen Dialog, sondern Überwältigung. Damit der Dialog über Meinungsgrenzen hinweg gelingen kann, ist die tatsächliche Offenheit für andere Meinungen eine Grundvoraussetzung.

Die Erfahrungen, die wir mit der Konzeption und Organisation von Dialogen gemacht haben – im privaten genauso wie im politischen oder wirtschaftlichen Kontext – haben uns gelehrt, dass Ort und Zeitpunkt einer Debatte entscheidend zu ihrem Gelingen beitragen. Daher gibt dieser Band viele Hinweise zum Setting einer Diskussion über politische und gesellschaftliche Themen. Der Fokus der Überlegungen dieses Buches ist auf organisierte Dialoge gerichtet, weniger auf das spontane, zwischenmenschliche Gespräch. Wer sich vor allem dafür interessiert, wie er oder sie in zufälligen Begegnungen mit Andersdenkenden argumentieren kann, der sei in erster Linie auf das Kapitel zu »Rhetorischen Strategien« verwiesen.

Die Kapitel folgen grundsätzlich einem ähnlichen Aufbau: Zunächst werden Rahmenbedingungen und Herausforderungen dargestellt, die sich für Debatten im jeweiligen Bereich ergeben. Aus einschlägiger Literatur ebenso wie aus konkreten Beispielen werden im Weiteren die Bedingungen und Faktoren für Gelingen und Erfolg herausgearbeitet. Die Kapitel schließen mit praxisorientierten Empfehlungen, die außerdem die wesentlichen Erkenntnisse zusammenfassen.

Der Schreibprozess dieses Buches war dabei auch für uns erkenntnisreich: So hat sich bestätigt, dass die analoge Kommunikation wichtiger ist denn je – auch für zwei Menschen, die zum ersten Mal miteinander ein Buch schreiben.

RAUS AUS DER ECHOKAMMER – MIT UND ÜBER POLITIK REDEN

»Ich habe den Eindruck, wir Deutschen sprechen immer seltener miteinander. (...) Wir haben es, Sie haben es in der Hand: Sprechen Sie mit Menschen, die nicht Ihrer Meinung sind! Sprechen Sie ganz bewusst mal mit jemandem, über den Sie vielleicht schon eine Meinung haben, mit dem Sie aber sonst kein Wort gewechselt hätten.« Dies schlug Bundespräsident Frank-Walter Steinmeier den Deutschen in seiner Weihnachtsansprache 2018 vor (Der Bundespräsident 2019). Auch Angela Merkel thematisiert das Miteinander-Reden: »Darüber müssen wir reden«, lautete eine leicht variiert mehrfach verwendete Aussage in der viel gelobten Rede der Bundeskanzlerin bei der Münchner Sicherheitskonferenz im März 2019, die als dialogorientierte Absage an den Unilateralismus des US-Präsidenten in der internationalen Politik gedeutet wurde (Die Bundeskanzlerin 2019). Der Grünen-Vorsitzende Robert Habeck (2018) denkt in seinem aktuellen Buch über politische Sprache an vielen Stellen ebenfalls darüber nach, wie das Gespräch zwischen Politiker und Bürger gelingen kann, bzw. wo es seine Grenze hat.

Dies sind nur drei Beispiele dafür, dass Spitzenpolitiker verschiedener Parteien zu einem Gespräch einladen. Sie wollen reden – miteinander, mit den Medien, mit Bürgern – und sie müssen reden, denn das ist der zentrale Bestandteil des politischen Prozesses in einer Demokratie. Wer ein Amt oder Mandat nur auf Zeit verliehen bekommen hat, ist gegenüber dem Bürger als Souverän rechenschaftspflichtig und muss zugleich um dessen Gunst werben, damit die Chance auf eine Wiederwahl besteht.

Dieser Dialog gelingt aber nicht automatisch. Es lassen sich leicht Belege dafür finden, dass das Gespräch zwischen Politik und

Bürgerschaft gerade nicht funktioniert. Um dies ebenfalls exemplarisch an zwei medial bundesweit beachteten Ereignisse zu verdeutlichen: Beim Festakt zum 3. Oktober 2016 protestierten in Dresden zahlreiche Demonstranten unter anderem von der Pegida-Bewegung. Die zum Festakt in der Semperoper geladenen Politiker wurden ausgepfiffen und beschimpft. Als Bundestagsvizepräsidentin Claudia Roth das Gespräch mit den Demonstranten suchte, wurde ihr »Hau ab!« entgegen gebrüllt. An einem Gespräch bestand offenkundig kein Interesse (vgl. Meiritz/Gruber 2016). Das zweite aktuelle Beispiel ist die kommunikative Hilflosigkeit, mit der die CDU im Mai 2019 auf ein Video des YouTubers Rezo mit dem Titel »Die Zerstörung der CDU« reagierte. Hier offenbarte sich die Schwierigkeit einer Partei, den Dialog über ihre Politik in einem bestimmten Medium (in diesem Fall YouTube) und mit einer bestimmten Zielgruppe (in diesem Fall netzaffine junge Menschen) zu führen (vgl. die Analyse von Schmoll 2019). Das Gesprächsangebot der Partei wurde von Rezo wiederum zunächst nicht angenommen, sondern an Bedingungen geknüpft.

Herausforderungen für das Gespräch

Was genau belastet den Dialog zwischen Politikern und Bürgern? Unter welchen Bedingungen kann er dennoch gelingen? Auf diese beiden Fragen gibt der vorliegende Artikel Antworten. In einem ersten Schritt werden dazu die Herausforderungen eines Dialogs *mit* der Politik und *über* Politik in den Blick genommen.

Widersprüchliche Erwartungen an Professionalität und Authentizität

Eine erste Herausforderung sind die widersprüchlichen Erwartungen, die an die Professionalität und Authentizität von Politikern gestellt werden. Fraglos hat in den vergangenen Jahren eine Professionalisierung der politischen Kommunikation stattgefunden. Schon vor rund 15 Jahren beklagte der britische Politikwissenschaftler Colin Crouch in seinem vieldiskutierten Buch »Postdemokratie« (in Deutschland 2008 erschienen), dass von PR-Teams beratene Parteien und Politiker zwar eine professionelle, aber inhaltsarme Kommunikation betrieben. Für Crouch (2008, S. 10) bedeutet Postdemokratie, dass »zwar nach wie vor Wahlen abgehalten werden [...], allerdings konkurrierende Teams professioneller PR-Experten die öffentliche Debatte während der Wahlkämpfe so stark kontrollieren, daß [sic] sie zu einem reinen Spektakel verkommt, bei dem man nur über eine Reihe von Problemen diskutiert, die die Experten zuvor ausgewählt haben.« Diese Theorie misst der Politik als Sender von Informationen große Bedeutung bei und kritisiert die Professionalisierung politischer Kommunikation. Fraglos ist eine solche Professionalisierung zu beobachten. Parteien lassen sich von PR-Agenturen und erfahrenen Journalisten beraten, sie testen ihre Botschaften, bevor sie im Wahlkampf veröffentlicht werden, sie machen sich intensiv Gedanken über Texte und Bilder. Ein berühmtes Beispiel ist der Auftritt Angela Merkels im TV-Duell mit dem SPD-Kanzlerkandidaten Peer Steinbrück vor der Bundestagswahl 2013. Heute wissen wir, dass sowohl die Halskette in den Farben der deutschen Fahne als auch der Schlusssatz »Sie kennen mich!« eine sorgfältig komponierte Inszenierung war (vgl. Hans 2017), die angesichts der positiven medialen Berichterstattung über das Duell sicherlich einen Teil zum Wahlerfolg der Union beigetragen hat. Beispiele lassen sich auch in anderen Ländern finden, wobei immer wieder die USA eine Vorreiter-Rolle eingenommen haben. Speziell US-Präsident Barak Obama hat es in seiner Amtszeit verstanden, eine eigene, weitgehend konsistente Bildsprache zu entwickeln und von seinem Chef-Fotografen Peter Souza festhalten zu lassen. Der Präsident wusste sich dabei nahezu perfekt als entscheidungsfreudige Führungskraft, sportlich-dynamischer Amerikaner, liebevoller Ehemann und Tierfreund zu inszenieren (vgl. Heck 2014).

Die beschriebene Professionalisierung der Kommunikation von Politikern folgt einer entsprechenden Erwartungshaltung. Insbesondere Medienvertreter, aber auch viele Bürger wollen seriöse und professionell kommunizierende Politiker. Dies zeigt sich etwa an der lang anhaltenden Kritik an der ehemaligen SPD-Vorsitzenden Andrea Nahles. Ihre Aussagen »Ab morgen gibt es auf die Fresse« (zur damals erwarteten künftigen Oppositionsrolle der SPD-Fraktion gegenüber der Unionsfraktion im Bundestag) sowie »Die SPD wird gebraucht – Bätschi« (nach dem Scheitern der Sondierungsgespräche zu einer möglichen schwarz-grün-gelben Regierungskoalition) wurden als Beleg für mangelnde Seriosität bewertet. Dies ist insofern bemerkenswert, als dass Medien und Bürger neben Professionalität zugleich auch Authentizität einfordern. Politiker sollen ehrlich und authentisch kommunizieren, dabei keine komplizierte Sprache verwenden, zugleich aber Experten in ihrem Thema auf Augenhöhe mit der Wissenschaft sein und sich professionell auf dem Parkett der Öffentlichkeit bewegen. Dies sind durchaus komplexe Erwartungen. Wenn jemand seine ehrliche Meinung sagt, ist der mediale Aufschrei groß. Dies zeigte sich z.B. bei der Ablehnung der »Ehe für alle« durch Annegret Kramp-Karrenbauer zur Zeit ihrer Bewerbung um den CDU-Vorsitz. Wie die Wirkung eines saloppen Sprachgebrauchs vom jeweiligen Image der sprechenden Person abhängt, zeigt der Vergleich zwischen Andrea Nahles und Gerhard Schröder, dessen profane Aussage »Hol mir mal ´ne Flasche Bier« seinerzeit als Beweis für Volksnähe gedeutet und sogar in einem Popsong als Sample verwendet wurde.

Hohe Zahl von Akteuren

Eine weitere Herausforderung für den Dialog mit der und über die Politik ist die hohe Zahl politischer Akteure. Dadurch entsteht eine Vielstimmigkeit, die eine klare Positionierung einer Partei oder auch einer aus verschiedenen Ministern bestehenden Regierung nur schwer erkennen lässt. So ist das Ergebnis einer Umfrage im Herbst 2015 nicht verwunderlich: Über die Hälfte (53 %) der Befragten kritisieren, sie wüssten nicht, wofür eine Partei stünde. Außerdem hätten sie den Eindruck, Parteien würden sich immer weniger voneinander unterscheiden (vgl. Faus u. a. 2015, S. 33). Die

Pluralisierung der Medienlandschaft und der rund um die Uhr laufende Online-Journalismus haben zu einer quantitativen Zunahme von Politikeräußerungen geführt, die das Auftreten widersprüchlicher Aussagen erhöht.

Neben dieser individuellen Dimension des Phänomens gibt es aber auch eine strukturelle: Das deutsche föderale System mit seiner vielfältigen Verschränkung und Gewaltenteilung erschwert die Zuordnung von Kompetenzen und erfordert eine Vielzahl verschiedener Akteure. Es ist nicht verwunderlich, dass im Ergebnis gerade Parteien vielstimmig auftreten, in denen Kommunal-, Landes-, Bundes- und Europapolitiker zusammenkommen. Sie agieren dazu an einem Ort in Regierungsverantwortung, am anderen Ort in der Opposition. Aus Sicht des Bürgers ist jedoch ebenso verständlich, dass er bei einem Anliegen nicht mit dem Argument fehlender Zuständigkeit abgespeist werden will, sondern von Parteien und Politikern erwartet, institutionell zu funktionieren.

Zeitdruck und Gleichzeitigkeit

Es gibt nicht nur verschiedene Ebenen von Politik, sondern zugleich verschiedene Ebenen von Öffentlichkeit. Das klassische kommunikationswissenschaftliche Modell von Gerhardts und Neidhard (1990, S. 19ff.) unterscheidet drei Ebenen von Öffentlichkeit:
1. die Encounter-Öffentlichkeit, in der öffentliche Kommunikation spontan und ungeplant stattfindet (zum Beispiel in der Nachbarschaft),
2. die Themen- oder Organisationsöffentlichkeit, die bedeutet, dass innerhalb eines Interaktionssystems kommuniziert wird (zum Beispiel in einem Betrieb oder bei einer Veranstaltung) sowie
3. die Medienöffentlichkeit, in der öffentliche Kommunikation dauerhaft medial vermittelt stattfindet.

Bezogen auf das Thema dieses Artikels bedeutet dies, dass jeder Mensch gleichzeitig auf verschiedenen Ebenen von Öffentlichkeit

Informationen über Politik erhält und über sie spricht. Vergleichsweise selten kommt es dabei jedoch zum direkten Gespräch mit einem Politiker, das kaum jemals zufällig (auf Ebene 1) und auch nicht auf Ebene der medialen Öffentlichkeit (Ebene 3), sondern am ehesten im Rahmen von Veranstaltungen (Ebene 2) stattfindet. Wenn es dann zum direkten Gespräch kommt, sind aber Vorprägungen durch Kommunikation auf den anderen Ebenen vorhanden, die das direkte Gespräch beeinflussen.

Ein anderer Faktor in Dialogen mit Politikern ist der Zeitdruck, unter dem Berufspolitiker nahezu permanent stehen. Die Kalender von Abgeordneten oder Amtsinhabern sind stets prall erfüllt, denn erstens bedeutet der politische Betrieb zahlreiche feste Termine (Parlamentsdebatten, Fraktionssitzungen, Arbeitsgruppen, Parteitermine, Dienstreisen) und zweitens möchten viele Akteure mit ihnen kommunizieren. Meist sind Gespräche zwischen Politiker und Bürger daher zeitlich stark begrenzt, was einen Dialog auf Augenhöhe belastet. Schließlich denken und kommunizieren sowohl Politiker als auch Bürger immer in verschiedenen thematischen Kontexten. Neben dem politischen Thema einer Veranstaltung oder eines Dialogs beschäftigen jeden Mensch immer auch andere Fragen, die Einfluss auf den Gesprächsverlauf nehmen.

Heterogene Zielgruppen

Die nächste Herausforderung, die bedacht werden will, ist die gesellschaftliche Pluralisierung. Es ist viel dazu geforscht und geschrieben worden, dass sich moderne Gesellschaften ausdifferenzieren, ehemals klassische Milieus an Bindungskraft verlieren und Lebensstile individueller werden (um nur einen klassischen und einen aktuellen Verweis zu geben vgl. Beck 1986 und Reckwitz 2018). Verschieden lebende Menschen gleichzeitig zu erreichen, ist dadurch schwieriger geworden. Verstärkt wird dies, seitdem soziale Medien das Entstehen immer neuer Teilöffentlichkeiten ermöglicht haben (ausführlicher dazu im Medienkapitel dieses Buches). Konnte der damalige Bundeskanzler Gerhard Schröder noch behaupten, zum Regieren brauche er lediglich »Bild, BamS und Glotze« (zitiert nach Felling/Lerche 2006, S. 377), ist eine Kommunikation, die gleichzeitig den Großteil der Bürger erreicht, heute nicht mehr möglich. Will man dennoch heterogene Zielgruppen mit einer politischen Botschaft erreichen, braucht man dafür eine Kommunikationsstrategie, die verschiedene Medien bedient und möglicherweise auch die Botschaft zielgruppenspezifisch variiert, ohne diese zu verwässern.

Vertrauenskrise

Zu den Rahmenbedingungen aller Kommunikation von und über Politik gehört die generelle Vertrauenskrise, insbesondere gegenüber politischen Institutionen. Zwar ist die Überzeugung, dass Deutschland auf jeden Fall demokratisch regiert werden soll mit knapp 90 % erfreulich hoch (Zick u. a. 2019, S. 230f). Dieses aktuelle Befragungsergebnis entspricht denen anderer Studien). Dennoch zeigen detailliertere Umfragen, dass die Mehrheit der Deutschen lediglich der Polizei (66 %), dem Bundesverfassungsgericht (57 %) und generell Gerichten (51 %) vertraut (vgl. Hilmer u. a. 2017, S. 21). In der gleichen Umfrage fanden sich am Ende der Tabelle der Bundestag und die Bundesregierung (je 35 %), die öffentliche Verwaltung (34 %), Medien (23 %) und Parteien (17 %) (vgl. ebd.).

Dass Politikern und Parteien wenig Vertrauen entgegengebracht wird, ist keine neue Erkenntnis. Verschiedene Studien haben dies über Jahre nachgewiesen. Zudem ist es ein häufiger Topos im politischen Journalismus und wird in Zusammenhang mit dem vieldiskutierten Phänomen der Politikverdrossenheit gestellt (vgl. Krell u. a. 2012). Bestehendes Misstrauen gegenüber Politikern ist daher ein abrufbares Vorwissen, das Medien mitunter gezielt ansprechen. Die Überschrift »Die Dilettanten aus dem Finanzministerium« (Bartz 2019) zu ersten Gesprächen einer möglichen Fusion von Deutscher Bank und Commerzbank verwendet den Sinnzusammenhang »unfähiger Politiker« und bestärkt damit diejenigen, die Politikern misstrauisch gegenüber stehen. Misstrauen gegenüber Parteien und Politikern verstärken sich dabei gegenseitig, da Spitzenpolitiker – zumindest in Deutschland – nicht unabhängig von ihrer Parteizugehörigkeit wahrgenommen werden. So färben das Image von Angela Merkel sowie das Image der CDU aufeinander ab und sind wichtige Einflussfaktoren für das Vertrauen in die jeweils andere (vgl. Molthagen-Schnöring 2019).

Politiker reagieren auf Unmut und Misstrauen meist mit der Formel, sie müssten ihre Politik besser erklären und demnach an ihrer Kommunikation arbeiten. Mit diesem Vorsatz reagierte beispielsweise die CDU-Vorsitzende Annegret Kramp-Karrenbauer auf die empfindlichen Stimmverluste ihrer Partei bei den Europawahlen im Mai 2019. Grundsätzlich ist es natürlich richtig, dass sich Parteien und Politiker über verständliche und überzeugende Kommunikation Gedanken machen müssen. Dabei darf aber nicht übersehen werden, dass es auch einen realen Unmut über die gemachte Politik gibt und Misstrauen nicht nur auf einem Kommunikationsdefizit beruht, sondern auch auf einem Politikdefizit. Eine Untersuchung im Zusammenhang mit dem jüngsten Armuts- und Reichtumsbericht der Bundesregierung hat ergeben, dass über einen langen Zeitraum gerade die Interessen der ärmeren Bürger eben nicht von der Politik umgesetzt worden sind. Das Gefühl, nicht repräsentiert zu werden, ist somit für einen Teil der Bevölkerung berechtigt (vgl. Elsässer u. a. 2017). Diese Bürger wollen Politik nicht besser erklärt bekommen, sondern sie wünschen sich schlicht eine andere Politik.

Dissensfördernde Medienlogik

Politische Kommunikation findet immer in einem medial vorgeprägten Deutungsraum statt. Jeder Bürger erfährt den Großteil seiner politischen Informationen aus den Medien, demgegenüber sind persönliche Gespräche mit Politikern selten, auch wenn diese einen hohen Einfluss auf die individuelle politische Meinungsbildung haben können. Angesichts der Bedeutung medialer politischer Kommunikation müssen Logiken des Medienbetriebs hier kurz erwähnt werden (ausführlich dazu das Medienkapitel in diesem Band). Die

Auswahl der Medienberichterstattung basiert auf Nachrichtenfaktoren (vgl. Galtung / Ruge 1965). Jeder Mediennutzer möchte über das Bedeutsame oder das Überraschende informiert werden und schlechte Nachrichten bekommen immer mehr Aufmerksamkeit als gute. Auch die vielzitierte Polarisierung gehört zur medialen Logik, denn niemand möchte in einer Zeitung zwei Kommentare mit gleichlautendem Tenor nebeneinander lesen. Vielmehr können Medien durch Pro- und Contra-Darstellungen zu einer Thematik zu dessen Debatte beitragen. Dies führt allerdings dazu, dass Medien gern über abweichende Meinungen innerhalb einer Partei berichten. Da mediale Präsenz eine durchaus relevante Währung im innerparteilichen Kampf um Ämter oder Listenplätze ist, kann sich der Widerspruch lohnen. Der CDU-Innenpolitiker Wolfgang Bosbach kritisierte Anfang der 2010er-Jahre über einen längeren Zeitraum hinweg immer wieder die Politik der Bundesregierung, die ja von seiner eigenen Partei geführt wurde. Dafür erhielt er hohe mediale Aufmerksamkeit und war drei Jahre in Folge der meisteingeladene Politiker in TV-Talkshows – noch vor Politikern mit machtvolleren Ämtern (vgl. Schröder 2015).

Das Strategie-Dilemma

Eine weitere Herausforderung für politische Kommunikation ist der häufige Rückgriff auf Strategiefragen – in der Politik, aber auch im politischen Journalismus. Dabei werden politische Vorhaben als strategische Manöver zur Gewinnung von Wählerstimmen dargestellt. Gut zu beobachten war dies bei der Veröffentlichung der Pläne des Bundesarbeitsministers Hubertus Heil für eine Rentenreform im Februar 2019. Nahezu immer, wenn Heil zum Thema »Respekt-Rente« befragt wurde, wurde er danach gefragt, ob dieser Vorschlag zur Verbesserung der SPD-Umfragewerte beitragen könne (vgl. Junginger 2019). Der politische Vorschlag selbst rückte dabei in den Hintergrund und wurde kommunikativ entwertet. Aus der Politikforschung ist bekannt, dass der Bürger allergisch reagiert, wenn er den Eindruck hat, lediglich aus strategischen Gründen werde der

Kontakt mit ihm gesucht. Dazu zählt beispielsweise das Dialogangebot in Wahlkämpfen, nachdem sich ein Kandidat in den Jahren zuvor vor Ort nicht hat blicken lassen (vgl. Blaeser u. a. 2016, S. 29 f.).

Politiker tragen zu diesem Strategie-Dilemma selbst sehr viel bei, da sie häufig Personal- und Strategiedebatten führen. Nach dem für die SPD desaströsen Europawahlergebnis im Mai 2019 betonten Spitzenvertreter, dass nun inhaltliche Fragen und nicht Personaldebatten im Mittelpunkt stehen sollten. Parallel zu diesen Aussagen begannen jedoch intensive Strategie- und Personaldebatten. Sie gipfelten einen Tag später in der Ankündigung der Partei- und Fraktionsvorsitzenden Andrea Nahles, die Fraktionsspitze neu wählen lassen zu wollen. Damit war der Startschuss für eine tagelange Personaldebatte endgültig gegeben. Die häufigen Personal- und Strategiedebatten in Verbindung mit den regelmäßigen Umfragen zur aktuellen Beliebtheit bestimmter Politiker bezeichnet die Kommunikationswissenschaft als »Horse-Race-Journalism«. Politik wird als ewiges (Pferde-)Rennen um Beliebtheitswerte dargestellt und der neueste ARD-Deutschlandtrend oder das ZDF-Politbarometer werden wie die Tabelle der Fußball-Bundesliga präsentiert (vgl. Faas u. a. 2007).

Wie gelingt das Gespräch mit und über Politik?

Nach dieser Analyse der Rahmenbedingungen politischer Kommunikation geht es im folgenden Abschnitt um die Frage, welche Faktoren dazu beitragen, ein Gespräch mit Politikern und über Politik auch über Meinungsgrenzen hinweg erfolgreich zu führen. Zu dieser Frage gibt es eine Fülle von Literatur und Praxisratgebern, die hier nicht alle aufgezählt werden können. Die folgende Zusammenstellung erhebt daher keinen Anspruch auf Vollständigkeit. Verweise auf die umfangreichen Vorarbeiten anderer finden sich in den jeweiligen Abschnitten.

Zuhören und Zeit haben

Das Zuhören seitens der Politik ist gegenwärtig hoch im Kurs. Es lassen sich viele Zitate finden, in denen Politiker die Bedeutung des eigenen Zuhörens betonen. Die SPD-Bundestagsfraktion bot im Frühjahr und Sommer 2019 sogar eine Veranstaltungsreihe mit dem expliziten Titel »Gekommen, um zu hören« in den ostdeutschen Bundesländern an (www.spdfraktion.de/termine). Annegret Kramp-Karrenbauer hat nach ihrer Wahl zur CDU-Generalsekretärin im Februar 2018 eine »Zuhör-Tour« durch die eigene Partei gestartet. Für die repräsentative Demokratie ist es konstitutiv, dass Politiker wissen, was die Menschen in ihrem Wahlkreis, die Parteimitglieder an der Basis und generell die Bürger zu den aktuell zu entscheidenden Fragen denken. Und das Mittel dafür ist das Zuhören.

In der politischen Praxis ist ein indirektes Zuhören weit verbreitet, etwa indem Studien erheben, welche Meinung die Bevölkerung zu ausgewählten Themen hat. Ergänzt wird dies aber in aller Regel durch direkte Gespräche. Ein Blick in den Terminkalender eines Bundestagsabgeordneten zeigt, wie viel zumindest die Mehrheit der Politiker unterwegs ist, um mit Menschen ins Gespräch zu kommen. Im Idealfall verbindet ein Politiker die Erkenntnisse aus dem Zuhören in persönlichen Gesprächen mit den Erkenntnissen aus Studien und erhält so ein umfangreiches Bild von der gesellschaftlichen Gegenwart.

Die klassischen Regeln der auf den US-amerikanischen Psychologen Carl R. Rogers zurückgehenden Methode des »aktiven Zuhörens« gelten auch für das Gespräch zwischen Bürger und Politiker. Dieses Kommunikationskonzept umfasst vor allem die drei Grundregeln:

- Empathie (sich in den anderen hineinversetzen),
- Kongruenz (verbale und nonverbale Signale stimmen überein) und
- Akzeptanz (den Gesprächspartner respektieren).

Zu den Techniken des aktiven Zuhörens gehören ganz praktisch Rückfragen zu stellen, um Interesse zu zeigen und Missverständnisse zu vermeiden, sowie gezielt nachzufragen, um mehr Details zu erfahren. Außerdem sollte man im Gespräch am Ende Wesentliches zusammenzufassen, um sicher zu gehen, dass beide Gesprächspartner ein Ergebnis teilen und nicht zuletzt gehört dazu, den anderen ausreden zu lassen (vgl. als einen der vielen Ratgeber zum Thema Behr u.a. 2017).

Entsprechend wenig hilfreich für ein gelingendes Gespräch ist es, wenn ein Politiker den überwiegenden Teil der Zeit selbst spricht oder nur teilweise bei einer Dialogveranstaltung anwesend ist und nach der eigenen Rede wieder verschwindet. Diese nicht seltene Praxis verstärkt den Eindruck, Politiker würden sich nicht für die Fragen und Meinungen der Bürger interessiert. Zuhören braucht Zeit, was für Politiker eine knappe Ressource ist, die aber eingesetzt werden muss, will man tatsächlich miteinander reden.

Digitaler Dialog

Politiker sind auch Zuhörer in sozialen Medien, die ein unmittelbares Gespräch auf einem niedrigschwelligen und kostengünstigen Kanal ermöglichen. In dieser Hinsicht sind sie positiv zu bewerten und können den demokratischen Diskurs stärken. Nicht jede Facebook-Sprechstunde eines Bundestagsabgeordneten ist eine Sternstunde der politischen Debatte, aber diese Gesprächsform hat sich in den vergangenen Jahren etabliert und wird genutzt. Auch andere Dialogakteure wie machen positive Erfahrungen mit Online-Diskussionen. Auf dem Debattenportal www.sagwas.net der Friedrich-Ebert-Stiftung wird in loser Folge über aktuelle und strittige Fragen diskutiert, beispielsweise über ein neues Einwanderungsgesetz. Dabei diskutieren die Nutzer offen und konstruktiv, auftretende Fragen können meist sofort beantwortet werden.

Andererseits bieten soziale Medien bekanntermaßen die Möglichkeit der Schmähung, Beleidigung und Drohung. Gerade Politiker sind häufig Zielscheibe sogenannter »Shitstorms«. Die Anzahl der beleidigenden Zuschriften hat durch die Möglichkeiten sozialer Medien stark zugenommen und bedeutet eine neue Herausforderung für die Kommunikation von Politikern (vgl. Stegbauer 2018). Es ist eine Illusion zu glauben, dass solche Erfahrungen ohne Reaktion blieben. Wird man massenhaft und wiederholt beleidigt, bedroht und herabgewürdigt, belastet das den betreffenden Menschen und steigert nicht die Lust auf das direkte Gespräch mit den Bürgern. Auch wenn rational klar ist, dass die Urheber des Shitstorms eine kleine Minderheit oder nur programmierte Bots sind, verletzen sie den Empfänger.

Verständliche Sprache verwenden

Seit längerem bekannt, aber nach wie vor richtig ist, dass die Sprache von Politikern als Hindernis für gelingende Gespräche gesehen wird. Bereits 2011 wurde untersucht, wie junge Menschen die Sprache von Politikern wahrnehmen. Das Ergebnis der Studie »Sprichst Du Politik?« war eindeutig: So stimmten 59 % der Befragten der Aussage zu: »Politiker/innen sprechen absichtlich eine abgehobene Sprache« (vgl. Arnold u. a. 2011, S. 47). Allerdings ist in jüngerer Vergangenheit zu beobachten, dass etliche Politiker sich um eine verständliche Sprache bemühen. Die einfache Benennung von Gesetzesvorhaben (zum Beispiel »Gute-Kita-Gesetz« des Bundesfamilienministeriums) verringert dieses sprachliche Hindernis. Dabei sollten Politiker darauf achten, ihr richtiges Bemühen um eine verständliche Sprache nicht dadurch zu konterkarieren, dass sie diese Ausdrucksweise mit der Annahme geringer Intelligenz beim Empfänger verbinden oder durch infantile Bildsprache in die Nähe von Kinderbüchern rücken, wie dies bisher meist mit Wahlprogrammen oder anderen Publikationen »in leichter Sprache« gemacht worden ist. Jeder Bürger profitiert von einer verständlichen Sprache. Sich so auszudrücken, dass Zielgruppen verschiedener Bildungshintergründe es verstehen, sollte für demokratische Politiker eine Selbstverständlichkeit und keine besonders zu betonende Ausnahme sein.

Nicht manipulieren

Zum Umgang mit Sprache im Gespräch gehören auch zwei in den vergangenen Jahren intensiv verwendete Schlagworte: »Nudging« und »Framing«. Nudging ist ein Begriff aus der Verhaltenspsychologie (das prägende Werk dazu verfassten Thaler und Sunstein 2009) und zog Ende der 2000er Jahre in die politische Kommunikation der USA und Großbritanniens ein. Der Begriff meint die absichtsvolle Führung von Individuen durch das gezielte Auslösen unbewusster Verhaltensänderungen. Ein Beispiel lautet, dass man an Stelle von Fahrverboten flexible Fahrpreise je nach Tageszeit einführt und so die Bürger dazu »anstupst«, außerhalb der Stoßzeiten zu reisen. Zunächst wurden mit Nudging positive Erwartungen verknüpft: Veränderung gesellschaftlicher Zustände durch geschickte Kommunikation anstelle von Gesetzesänderungen – ohne größeren Ressourceneinsatz. Schließlich überwog die Kritik an diesem Ansatz: Nudging stelle »eine Manipulation des Willens von Menschen dar, die sich dessen nicht bewusst sind«, kritisiert der Politikwissenschaftler Stefan Piasecki (2017).

Framing meint demgegenüber den Prozess einer kommunikativen Einbettung von Ereignissen und Themen in Deutungsraster. Durch Wortwahl, Formulierung und thematische Verbindung wird eine Botschaft »gerahmt«, was Einfluss auf die Wahrnehmung der Realität hat. Ein Beispiel für Framing ist das Reden von »Steueroasen«. Oasen sind Orte der Zuflucht in der lebensfeindlichen Wüste. Wer diesen Ort nicht rechtzeitig erreicht, droht zu verdursten. Die niedrigere Besteuerung wird durch das Framing als lebensspendendes Wasser gedeutet. In der deutschsprachigen politischen Debatte hat vor allem das Buch von Elisabeth Wehling (2016, dort auch das Beispiel der Steueroase) die Diskussion über Framing gefördert. Fanden Parteistrategien dieses Konzept interessant, regte sich in der öffentlichen Diskussion wiederum Kritik, dass Framing eine Methode sei, Menschen unbewusst zu manipulieren. Die kontroversen Debatten über beide Kommunikationsansätze zeigen, dass Menschen von Politik nicht manipuliert werden möchten, sondern ein ehrliches, offenes Gespräch wünschen.

Politische Bildung – Politiker sind nicht allzuständig

In öffentlichen Diskussionsveranstaltungen mit Politikern lässt sich häufig beobachten, dass eine hohe Erwartungshaltung an »die Politik« besteht. So kann es passieren, dass bei einer landespolitischen Diskussion mit einem Vertreter der vor Ort oppositionellen SPD dieser für eine aktuelle Maßnahme eines CSU-geführten Bundesministeriums kritisiert wird, weil die SPD im Bund gemeinsam mit der Union regiert. In diesem Beispiel gehen sowohl die politischen Ebenen als auch die Rollen von Regierung und Opposition durcheinander. Zudem wird die Spezialisierung von Politikern in Arbeitsparlamenten bzw. als Amtsträger für einen bestimmten Aufgabenbereich nicht beachtet. Die pauschalisierende Forderung an »die Politik« mag staatstheoretisch richtig sein; dass sie jeder einzelne Politiker auch umsetzen kann, ist praktisch eine Überforderung. Natürlich kann und soll jede und jeder in öffentlichen Diskussionen sagen und kritisieren, was ihr oder ihm wichtig ist. Aber ein Bewusstsein dafür, dass nicht jeder Politiker für alles gleichermaßen zuständig ist, trägt zum Gelingen eines Gesprächs bei. Allerdings tragen nicht wenige Politiker selbst zu dem Eindruck einer vermeintlichen Allzuständigkeit bei, indem sie selbst den Anschein erwecken, alles sei politisch regelbar oder ebenfalls versäumen, zwischen politischen Ebenen und Verantwortlichkeiten zu differenzieren. Sätze wie »diese Anregung nehme ich gerne mit« sind nur dann Bestandteil des Zuhörens, wenn der die Anregung äußernde Bürger auch tatsächlich eine Antwort auf sein Anliegen bekommt. Andernfalls beendet der Satz ein Gespräch ohne Resultat, was die Skepsis gegenüber Politikern steigert.

Es ist eine wichtige Aufgabe politischer Bildung, ein Grundverständnis für politische Prozesse zu vermitteln. Ein nachdenklicher ZEIT-Artikel über die politische Situation nach den Europa- und vielerorts parallel stattfindenden Kommunalwahlen im Mai 2019 fasst zusammen: »So kannte bei einer Blitzumfrage auf der Düsseldorfer Kö zum Beispiel nur ein Bruchteil der Angesprochenen den Namen des Oberbürgermeisters. Was der Stadtrat eigentlich macht, wussten auch nur die wenigsten zu beantworten – mit Kreisverband oder Bezirksvertretung musste man dann gar nicht mehr kommen.« (Hintze 2019). Wissen über politische Prozesse und politische Themen auf den verschiedenen staatlichen Ebenen zu vermitteln, ist eine alte, aber nach wie vor virulente Aufgabe politischer Bildung. Im Idealfall übermittelt politische Bildung nicht nur kognitives Wissen, sondern bietet Erfahrungen mit politischer Beteiligung. In Planspielen, Bürger- oder Zukunftskonferenzen können Bürger an politischen Themen arbeiten und dabei einen politischen Prozess miterleben bzw. selbst steuern. Bürger, die solche Erfahrungen im Rahmen von politischen Bildungsangeboten gemacht haben, berichten anschließend davon, Verständnis für die Komplexität eines politischen Aushandlungsprozesses gewonnen zu haben (vgl. Molthagen 2006, S. 74 f.).

Dialog braucht Begegnung

Die Umgebung, in der ein Gespräch stattfindet, trägt viel zu dessen Gelingen oder Misslingen bei. Entsprechend wird in diesem Abschnitt über Ort und Zeit als Gelingensfaktoren eines politischen Gesprächs nachgedacht. So sollten Räume Hierarchien abbauen, statt diese zu zementieren. Eine erhobene Bühne, auf der ein Politiker im wahrsten Sinne des Wortes über den Gesprächspartnern thront, ein Tisch, hinter dem er sich verschanzen kann, blendendes Licht aufgrund dessen die Zuhörer nicht erkennbar sind – all das schafft Distanz und ist einem gelingenden Dialog abträglich. Räume sollten vielmehr so gestaltet sein, dass man gleichberechtigt miteinander reden kann. Es schadet nicht, dies an einem Ort zu tun, an dem sich Menschen auch außerhalb einer politischen Diskussion wohl fühlen. Nicht zufällig sind es gerade Veranstaltungen in Cafés, Kneipen oder Nachbarschaftshäusern, die viele Bürger erreichen. Relevant ist auch die Zeit, in der ein Dialog angeboten wird. Berufspolitiker können den ganzen Tag Termine vereinbaren, dem Bürger ist dies nur außerhalb seiner Arbeitszeit möglich. Veranstalter politischer Dialoge brauchen sich nicht darüber zu ärgern, zu einem Diskussionsforum nahezu ausschließlich Rentner versammelt zu haben, wenn die Veranstaltung an einem Werktag zwischen 14 und 16 Uhr stattfindet. Weitere Hinweise dazu, wie man eine positive Gesprächsatmosphäre schaffen kann, finden sich im Kapitel zu privaten Dialogen in diesem Band. Die dort gegebenen Empfehlungen lassen sich auch auf organisierte Dialogveranstaltungen mit Politikern übertragen.

Dialogfördernd sind zudem unerwartete Begegnungen mit Politikern. So hielt die Hamburger Senatorin für Arbeit, Soziales, Familie und Integration, Melanie Leonhard, Anfang 2019 bei einem »Barcamp« der Friedrich-Ebert-Stiftung kein Grußwort oder eine politische Rede, sondern war als Teilnehmerin vor Ort. Bei einem Barcamp gibt es keine vorher feststehenden Referenten, sondern alle Teilnehmenden bringen eigene Themenvorschläge für Gesprächsrunden ein. Wie alle anderen auch, bot Leonhard einen Workshop an und stellte sich mit dem Worten vor »Ich bin Melanie und von Beruf Senatorin.« Viele Teilnehmende äußerten sich positiv überrascht von dieser unerwarteten Begegnung mit einem Regierungsmitglied und der Möglichkeit, auf Augenhöhe mit der Senatorin sprechen zu können, wovon auch rege Gebrauch gemacht wurde. Solche unerwarteten Gespräche mit Politikern bieten die Chance, sich jenseits von Politikverdrossenheit und gegenseitigen Vorurteilen zu begegnen. Gerade das Verlassen zu erwartender Kommunikationsformate wie einer Rede oder einer Podiumsdiskussion und die Ermöglichung von Partizipation sowie vielen zeitgleichen Gesprächen wirken dialogfördernd.

Verschiedene Angebote für verschiedene Zielgruppen

Die in diesem Buch an mehreren Stellen beschriebene Ausdifferenzierung der Gesellschaft beeinflusst auch Dialoge mit Politikern. Im Ergebnis brauchen verschiedene Zielgruppen verschiedene Gesprächsangebote. Diese zunächst banal anmutende Erkenntnis bedeutet eine zeitliche Herausforderung für die wie erwähnt gut gefüllten Kalender von Politikern. Außerdem setzt dies Kenntnisse im Veranstaltungsmanagement sowie Methodenkompetenz für die Organisation von Dialogen voraus. In der politischen Praxis wird gerade in Wahlkämpfen schnell noch das gemacht, was man immer schon gemacht hat, da die Abläufe dafür bekannt sind. Eine Kundgebung auf dem zentralen Platz der Stadt mit vier aufeinanderfolgenden Reden und ohne Interaktionsmöglichkeit ist aber kein reizvolles Veranstaltungsangebot. Entsprechend kommen zu solchen Wahlkampfveranstaltungen im Wesentlichen die eigenen Parteianhänger und Menschen mit sehr viel Zeit. Der Nutzen dürfte bei vergleichsweise hohen Kosten überschaubar sein. Die (Weiter-)Entwicklung von digitalen und persönlichen Gesprächsangeboten mit Möglichkeiten zur Begegnung auf Augenhöhe ist demgegenüber nötig. Es gibt dazu eine Vielzahl von methodischen Praxisratgebern, von denen hier nur Nauditt/Wermerskirch (2018) und Elies/Lehmann (2017) genannt seien, mit denen die Autoren dieses Buches bereits erfolgreich gearbeitet haben. Da die Vielzahl von Gesprächsangeboten nicht allein durch eine einzige Person – die Spitzenkandidatin oder der Spitzenkandidat – bestritten werden kann, braucht es für zielgruppenspezifische Dialogangebote Teamlösungen und eine funktionierende inhaltliche Arbeitsteilung innerhalb von politischen Organisationen. Dabei muss für die Kommunikationsstrategie einer Partei, eines Verbandes oder einer Institution auch beachtet werden, dass bestehende Images von Politikern verschiedene Zielgruppen ansprechen oder abschrecken.

Zusammenfassende Empfehlungen

Sowohl Politiker als auch viele Bürger wünschen sich das gemeinsame Gespräch. Beide Seiten haben aber zugleich den Eindruck, dies sei schwierig. Es gibt genügend Beispiele für misslungene Gespräche, Shitstorms und beiderseitiges Aneinander-Vorbei-Reden.

Die Gründe für diese negativen Erfahrungen zeigen die in diesem Artikel analysierten Herausforderungen. Zugleich bestehen aber viele Möglichkeiten, ein gewinnbringendes Gespräch mit Politikern und über politische Themen zu organisieren. Die wichtigsten sind:

1. **Offenheit für neue Gedanken**
   Ein Grundproblem politischer Dialoge ist, dass viele Teilnehmende am liebsten hören wollen, dass der Gesprächspartner die eigene Meinung teilt. Überspitzt formuliert: Der Politiker sucht nach Zustimmung für sein aktuelles Vorhaben und nach Wählerstimmen für die eigene Partei, der Bürger will sein Lieblingsthemen politisch umgesetzt wissen und sein Bild von der Welt bestätigt bekommen. Auf dieser Grundlage kann man hervorragend aneinander vorbei reden. Daher brauchen beide Gesprächspartner die Offenheit für den anderen und seine Gedanken sowie die Bereitschaft, die eigene Sichtweise hinterfragen zu lassen und ggf. zu ergänzen. Manipulationsfreiheit ist dabei selbstverständlich.

2. **Gute Planung**
   Erfolgreiche Dialoge brauchen eine gute Planung. Man kann sie nicht mal eben nebenbei organisieren. Durch die Auswahl von Zeit und Ort eines Gesprächs, durch das Einladungsmanagement und die Auswahl der beteiligten Akteure wird viel festgelegt, was ein Gespräch fördern oder behindern kann.

3. **Reden ist Silber, Zuhören Gold**
   Menschen reden gern – sowohl Politiker als auch Bürger. Doch wer immer selbst redet, führt keinen Dialog. Das gegenseitige Zuhören macht ein Gespräch erst möglich. Gesprächstechniken wie das aktive Zuhören kann man erlernen und damit viel zum Gelingen eines Gesprächs beitragen.

4. **Vielfalt braucht Vielfalt**
   Die vielfältige Gesellschaft mit ihren diversen Lebensstilen, Mediennutzungsverhalten und politischen Einstellungen braucht ein vielfältiges politisches Kommunikationsangebot. Das bedeutet sowohl einen Methodenmix als auch verschiedene beteiligte Kommunikatoren.

5. **Erfahrungen ermöglichen**
   Miteinander zu reden ist kein rein kognitiver Vorgang. Emotionen gehören dazu und entscheiden über den Eindruck eines geführten Gesprächs mit. Daher ist es wichtig, in einem Gespräch die Erfahrungsebene mitzudenken und gezielt zu ermöglichen. Dazu gehört das Antreffen von Politikern in unerwarteter Umgebung, das Ausprobieren politischer Handlungsweisen oder die direkte Partizipation in einem politischen Prozess.

6. **Digital ist normal**
   Digitale Dialoge sind heutzutage kein zusätzlicher Bestandteil einer politischen Kommunikationsstrategie, sondern selbstverständliche Gesprächsform. Menschen kommunizieren permanent digital und so finden auch permanent politische Diskussionen online statt. Die Kompetenz für digitale Dialoge ist demgegenüber in vielen politischen Institutionen unterentwickelt. Dies zu ändern, ist zentrale Aufgabe aller, die Interesse am Miteinander-Reden haben.

7. **Dialog braucht Zeit**
   Zeit ist eine sehr knappe Ressource in der Politik. Dennoch brauchen Dialoge Zeit und politische Institutionen müssen sich Gedanken machen, wie sie entsprechende Zeitbudgets gewinnen können. Möglichkeiten dafür sind Priorisierung von Bürgerterminen gegenüber Dialogen mit Personen der eigenen Institution und das strukturierte Verteilen kommunikativer Aufgaben auf viele Personen.

Quellen

Arnold, Nina; Fackelmann, Bettina; Graffius, Michael; Krüger, Frank; Talaska, Stefanie; Weißenfels, Tobias (2011): Sprichst Du Politik? Berlin: Friedrich-Ebert-Stiftung.

Bartz, Tim (2019): Die Dilettanten aus dem Finanzministerium. https://www.spiegel.de/wirtschaft/unternehmen/deutsche-bank-und-commerzbank-dilettanten-im-ministerium-kommentar-a-1258283.html Zugegriffen: 6. Mai 2019.

Beck, Ulrich (1986): Die Risikogesellschaft. Auf dem Weg in eine andere Moderne. Frankfurt/ Main: Suhrkamp.

Behr, Michael; Hüsson, Dorothea; Luderer, Hans-Jürgen; Vahrenkamp, Susanne (2017). Gespräche hilfreich führen. Band 1: Praxis der Beratung und Gesprächspsychotherapie personenzentriert – erlebnisaktivierend – dialogisch. Weinheim: BeltzJuventa.

Blaeser, Maximilian; Butzlaff, Felix; Micus, Matthias; Pausch, Robert; Scalabrino, Giannina (2016) Wahl und Nichtwahl. Politikeinstellungen und Politik-Hoffnungen in Göttinger Stadtvierteln. Berlin: Friedrich-Ebert-Stiftung.

Crouch, Colin (2008): Postdemokratie. Berlin: Suhrkamp.

Der Bundespräsident (2019): Weihnachtsansprache 2018. http://www.bundespraesident.de/SharedDocs/Reden/DE/Frank-Walter-Steinmeier/Reden/2018/12/181225-Weihnachtsansprache-2018.html. Zugegriffen: 17. März 2019.

Die Bundeskanzlerin (2019): Rede von Bundeskanzlerin Merkel zur 55. Münchner Sicherheitskonferenz am 16. Februar 2019 in München. https://www.bundeskanzlerin.de/bkin-de/aktuelles/rede-von-bundeskanzlerin-merkel-zur-55-muenchner-sicherheitskonferenz-am-16-februar-2019-in-muenchen-1580936 Zugegriffen: 25. Mai 2019.

Elies, Stefanie; Lehmann, Yvonne (Hrsg.) (2017): Eine Ode an die Methode. Impulse für politische Bildungsangebote. Berlin: Friedrich-Ebert-Stiftung..

Elsässer, Lea; Hense, Svenja; Schäfer, Armin (2017): »Dem deutschen Volke«? Die ungleiche Responsivität des Bundestags. In: ZPol Jg. 27 (2017), S. 161–180.

Faas, Thorsten; Mackenrodt, Christian; Schmitt-Beck, Rüdiger (2007): Wahrnehmung und Wirkung politischer Meinungsumfragen. Eine Exploration zur Bundestagswahl 2005. In: Brettschneider, Ulrich; Niedermayer, Oskar; Weßels, Harald (Hrsg.): Die Bundestagswahl 2005: Analysen des Wahlkampfes und der Wahlergebnisse. Wiesbaden: VS Verlag für Sozialwissenschaften, S. 233–267.

Faus, Jana; Faus, Rainer; Gloger, Alexandra (2016): Kartografie der politischen Landschaft in Deutschland. Berlin: Friedrich-Ebert-Stiftung.

Felling, Harald; Lerche, Clemens (2006): Regierungswechsel – Herausforderung für die online-Kommunikation. In: Köhler, Miriam M.; Schuster, Christian H. (Hrsg.): Handbuch Regierungs-PR. Öffentlichkeitsarbeit von Bundesregierungen und deren Beratern. Wiesbaden: VS Verlag für Sozialwissenschaften, S. 375-383.

Galtung, Johann; Ruge, Mari Homboe (1965): The Structure of Foreign News. In: Journal of Peace Research Jg. 2, S. 64-91.

Gerhards, Jürgen; Neidhardt, Friedhelm (1990): Strukturen und Funktionen moderner Öffentlichkeit. Fragestellungen und Ansätze. Berlin: Wissenschaftszentrum Berlin für Sozialforschung.

Habeck, Robert (2018): Wer wir sein könnten. Warum unsere Demokratie eine offene und vielfältige Sprache braucht. Köln: Kiepenheuer & Witsch.

Hans, Barbara (2017): Inszenierung von Politik. Zur Funktion von Privatheit, Authentizität, Personalisierung und Vertrauen. Wiesbaden: Springer VS.

Heck, Axel (2014): Visuelle Narrative in der Politik. Repräsentationen der Herrschaft Barack Obamas in der politischen Kunst. In: Gadinger, Frank; Jarzebski, Sebastian; Yildiz, Taylan (Hrsg.): Politische Narrative. Konzepte - Analysen – Forschungspraxis. Wiesbaden: Springer VS, S. 311-336.

Hilmer, Richard; Kohlrausch, Bettina; Müller-Hilmer, Rita; Gagné, Jérémie (2017): Einstellung und soziale Lebenslage. Eine Spurensuche nach Gründen für rechtspopulistische Orientierung, auch unter Gewerkschaftsmitgliedern. Berlin: Hans-Böckler-Stiftung.

Hintze, Dagrun (2019): Eine schnarcht, einer riecht nicht gut. https://www.zeit.de/kultur/2019-05/jusos-spd-jugendorganisation-demokratie-politische-aufklaerung/komplettansicht. Zugegriffen: 31. Mai 2019.

Junginger, Bernhard (2019): Heil wirft Kritikern der Grundrente Frauenfeindlichkeit vor. https://www.augsburger-allgemeine.de/politik/Heil-wirft-Kritikern-der-Grundrente-Frauenfeindlichkeit-vor-id53481066.html. Zugegriffen: 30. Mai 2019.

Krell, Christian; Meyer, Thomas; Mörschel, Tobias (2012): Demokratie in Deutschland. Wandel, aktuelle Herausforderungen, normative Grundlagen und Perspektiven. In: Mörschel, Tobias; Krell, Christian (Hrsg.): Demokratie in Deutschland. Wiesbaden: Springer VS, S. 9-30.

Meiritz, Annett; Gruber, Angela (2016): Merkels härtester Feiertag. https://www.spiegel.de/politik/deutschland/dresden-tag-der-deutschen-einheit-angela-merkel-im-zentrum-des-protests-a-1114998.html. Zugegriffen: 18. März 2019.

Molthagen, Dietmar (2006): Es gibt nichts Gutes, außer man tut es. Organisation und Durchführung der Bürgerkonferenz zum Thema Rechtsextremismus. In Die Ursachen von Rechtsextremismus und mögliche Gegenstrategien der Politik. Berlin: Friedrich-Ebert-Stiftung, S. 59-76.

Molthagen-Schnöring, Stefanie (2019): Vertrauen – was ist gemeint, wenn man davon spricht? In: Fuchs, Alina; Molthagen, Dietmar (Hrsg.): Trust me if you can. Die Bedeutung von Vertrauen für die Demokratie. Berlin: Friedrich-Ebert-Stiftung (im Erscheinen).

Nauditt, Kristina; Wermerskirch, Gerd (2018): Radikal beteiligen. 30 Erfolgskriterien und Gedanken zur Vertiefung demokratischen Handelns. Gevelsberg: EHP-Verlag.

Piasecki, Stefan (2019): »Schubs mich nicht!« – Nudging als politisches Gestaltungsmittel. https://www.bpb.de/lernen/digitale-bildung/werkstatt/258946/schubs-mich-nicht-nudging-als-politisches-gestaltungsmittel. Zugegriffen: 20. Mai 2019.

Reckwitz, Andreas (2018): Die Gesellschaft der Singularitäten. 5. Aufl. Berlin: Suhrkamp.

Schmoll, Heike (2019): Was macht die CDU aus dem Fall Rezo? https://www.faz.net/aktuell/politik/inland/was-macht-die-cdu-aus-dem-fall-rezo-16213757.html. Zugegriffen: 31. Mai 2019.

Schröder, Jens (2015): Die meisteingeladenen Talkshow-Gäste 2015: Wolfgang Bosbach verteidigt seinen Titel. https://meedia.de/2015/12/17/die-meisteingeladenen-talkshow-gaeste-2015-wolfgang-bosbach-verteidigt-seinen-titel/ . Zugegriffen: 28. Mai 2019.

Stegbauer, Christian (2018). Shitstorms. Der Zusammenprall digitaler Kulturen. Wiesbaden: Springer VS.

Thaler, Richard H.; Sunstein, Cass R. (2009): Nudge. Wie man kluge Entscheidungen anstößt. 3. Aufl. Berlin: Econ.

Wehling, Elisabeth (2016): Politisches Framing. Wie eine Nation sich ihr Denken einredet – und daraus Politik macht. Köln: Herbert von Halem.

Zick, Andreas; Küpper, Beate; Berghan, Wilhelm (2019). Verlorene Mitte – feindselige Zustände. Rechtsextreme Einstellungen in Deutschland 2018/19. Bonn: J.H.W. Dietz Nachf.

VOM ANHEIZEN ZUM ANSTIFTEN – DIE ROLLE DER MEDIEN IN GESELLSCHAFTLICHEN DEBATTEN

»Was wir über unsere Gesellschaft, ja über die Welt, in der wir leben, wissen, wissen wir durch die Medien« wusste der Soziologe Niklas Luhmann (1996, S. 9). Sicherlich kann man diesem eleganten, überaus zitierfähigen Satz vorwerfen, er schieße über das Ziel hinaus. Denn erstens ist menschliches Wissen auch Erfahrungswissen und zweitens sind die Medien nicht Wissensträger, sondern höchstens Übermittler von Informationen. Auch hat sich der Medienbegriff durch das Aufkommen sozialer Medien in den letzten Jahren massiv verändert. Ging Luhmann noch von den klassischen Massenmedien Fernsehen, Hörfunk, Zeitung aus, stehen diese heutzutage in harter Konkurrenz zu Plattformen wie Facebook, Twitter oder YouTube.

Gleichzeitig lässt sich kaum in Abrede stellen, dass viele Informationen, die wir aufnehmen, medial vermittelt werden. Aktuelle Daten des Verbands für private Medien Vaunet zeigen, dass die Deutschen im Jahr 2018 durchschnittlich 634 Minuten, also über zehn Stunden am Tag, mit audiovisuellen Medien verbracht haben (vgl. Vaunet 2018). Die alle fünf Jahre durchgeführte ARD/ZDF-Langzeitstudie zur Nutzung von Massenmedien stellte im Jahr 2015 fest, dass sich die Mediennutzung deutlich hin zu tagesaktuellen Medien (Fernsehen, Radio, Tageszeitungen, Internet) verschoben hat. Insbesondere das Internet stellt auch viele andere Anwendungen (Kommunikation, Spiele, Shopping, Suchfunktionen) zur Verfügung (vgl. Breunig/van Eimeren 2015). Das Fernsehen bleibt dabei das Leitmedium: Zwar gibt es mit Ausnahme von Fußballweltmeisterschaften keine große TV-Highlights mehr, die gleichzeitig die Massen vor dem Fernseher fesseln. Und trotzdem ist das Fernsehen nach wie vor das am intensivsten genutzte Medium mit einer Nutzungsdauer von über drei Stunden am Tag (vgl. ebd.). Es schauen zwar nicht mehr alle gleichzeitig das gleiche, aber nach wie vor sehen viele Menschen viel fern – zumal dies inzwischen auch unabhängig von bestimmten Sendezeiten über Mediatheken und Streaming-Dienste möglich ist.

Vor dem Hintergrund der genannten Zahlen kann man also mit Fug und Recht behaupten, dass Medien nach wie vor öffentliche Diskurse prägen und Seismographen für gesellschaftliche Strömungen und Stimmungen sind. Über eine damit einhergehende publizistische Verantwortung wurde rund um Ereignisse wie den Flüchtlingssommer 2015, die Kölner Silvesternacht 2015/16 oder die Pegida-Demonstrationen in Dresden viel diskutiert und geschrieben (vgl. beispielhaft Bey u. a. 2016, Haller 2017, Werthschulte 2017). Auch Medienvertreter selbst gehen mit ihrer Zunft hart ins Gericht. So provozierte Spiegel-Online-Redakteur Janko Tietz auf Twitter eine Debatte über den Journalismus und seine Verantwortung, indem er kritisierte, dass Medien provokante Aussagen unkommentiert als Nachricht abbildeten. Mit dieser Form der Berichterstattung würden sie dazu beitragen, dass das gesellschaftliche Klima in Deutschland immer rauer werde (vgl. Deutschlandfunk 2018).

Diesen rauen Ton bekommen auch die Medien selbst zunehmend zu spüren. Liest man die Kommentarspalten der Online-Ausgaben von Spiegel, Süddeutsche und anderen, fällt es einem zunehmend schwer, an das Gute im Menschen zu glauben. Hier wird angegriffen, beleidigt und auf neudeutsch »gehated«, was das Zeug hält, und das vielfach unter Verwendung des eigenen Klarnamens. Einen klaren Adressaten haben Hass und Wut hingegen häufig nicht. Vielen scheint es eher darum zu gehen, sich vor möglichst viel Publikum einmal so richtig Luft zu machen. Grenzen des Anstands und des guten Geschmacks gelten dabei offenbar nicht mehr.

Wie wird unter diesen Bedingungen in Medien über Meinungsgrenzen hinweg diskutiert? Kommen noch konstruktive Dialoge zustande und wie können Medien Rahmenbedingungen dafür schaffen? Um diese Fragen soll es im Folgenden gehen. Dabei werden nicht nur Debatten in Medien (vor allem Fernsehen und Social Media) betrachtet, sondern Medien auch als Veranstalter innovativer Debattenformate vorgestellt.

Medien als Orte von Debatten

Medien setzen Themen. In den Kommunikations- und Medienwissenschaften ist dieser Befund seit den 1960er-Jahren als »Agenda Setting« gut untersucht. Themen, die auf der Medien-Agenda erscheinen, haben demnach eine hohe Wahrscheinlichkeit, auf die Agenda des Publikums zu gelangen. Neuere Forschungsansätze betonen, dass es sich dabei jedoch nicht um einen kausalen Prozess handelt, da das Publikum auch von anderen persönlichen Erfahrungen und interpersonaler Kommunikation geprägt wird. Außerdem kann davon ausgegangen werden, dass zu der Publikums- und Medienagenda noch eine dritte Agenda hinzukommt, die der Politik (vgl. Beck 2013, S. 213). Diese drei Agenden beeinflussen sich gegenseitig und auch innerhalb einer Agenda finden »Setting-Prozesse« statt, wenn beispielsweise Medien sich an anderen (Leit-)Medien orientieren (vgl. ebd.).

Darüber hinaus basiert die Themenauswahl der Medien auf sogenannten Nachrichtenfaktoren, nach denen Journalisten Informationen auswählen und aufbereiten. So wird beispielsweise über überraschende, negative Ereignisse eher berichtet; Personalisierung und Gewalt erhöhen ebenso den Nachrichtenwert wie der Bezug auf Elite-Personen oder -Nationen (vgl. Schulz 1976).

Vor dem Hintergrund dieser Phänomene verwundert es nicht, wenn die Medienlandschaft zuweilen eintönig wirkt und sich bei den Rezipienten das Gefühl einstellt, man sehe, höre und lese doch überall das gleiche und das seien hauptsächlich schlechte Nachrichten. Doch hier scheint es eine schwer zu unterbrechende Eigendynamik zu geben, denn Medien handeln letzten Endes nicht nur aus publizistischer Verantwortung, sondern auch aus ökonomischem Kalkül. Und wenn Quoten und Klick-Raten zeigen, dass der Mensch sich von bestimmten negativen Ereignissen angezogen fühlt, werden die Medien die entsprechende Berichterstattung zumindest nicht einstellen. Deutlich wird dies auch an einem Format, das wie kein anderes im deutschen Fernsehen für politische Debatten steht: der Talkshow.

Talkshows

»Früher gab es harte Kritik für eine schlechte Talkshow. Heute ist gleich die Demokratie in Gefahr. Geht's auch etwas gelassener?« fragte die Talkshow-Moderatorin Sandra Maischberger im Juni 2018 auf ZEIT Online (vgl. Maischberger 2018). In seiner Replik argumentierte der Politiker Christopher Lauer, politische Akteure würden in einer Talkshow zu Darstellern einer Show inszeniert und nicht mehr nach Inhalten, sondern nur noch nach Performanz beurteilt (vgl. Lauer 2018). Lauer wünscht sich mehr »zivilisierte Debatte« und weniger Streit, mehr sachliche Auseinandersetzung und weniger Fixierung auf eine möglichst eindeutige Position in den deutschen Talksendungen (vgl. ebd.).

Die beiden Positionen, die hier aufeinandertreffen, stehen sinnbildlich für die Auseinandersetzung um die Debattenkultur, wie sie in jüngerer Zeit vermehrt stattgefunden hat. Dies ist zunächst einmal positiv zu bewerten, denn es zeigt, dass Menschen sich Gedanken machen und es ihnen eben nicht egal ist, wie wir miteinander reden. Allerdings unterscheidet sich die Talkshow in ihrer Form und Funktion auch deutlich von anderen Debattenformen, wie sie im privaten oder politischen Raum stattfinden. Denn natürlich handelt es sich dabei um eine Inszenierung, oder, in den Worten des Medienwissenschaftlers Haller (1997, S. 140), eine »Verdopplung« der Gesprächssituation. Da ist auf der einen Seite der Moderator, der die Fragen stellt, und auf der anderen Seite der Gast, häufig ein Politiker, der auf diese antwortet. Verdopplung bedeutet, dass dieser Dialog jedoch für einen dritten Akteur, das Publikum, geführt wird. Dieses ist im Falle einer Talkshow zum einen räumlich anwesend, zum anderen gibt es aber einen weit größeren Teil vor den Fernsehbildschirmen. Und dies waren bei Sendungen wie »Maybrit Illner«, »Anne Will«, »Hart aber fair« oder »Maischberger« in der ersten Jahreshälfte 2018 im Durchschnitt zwischen 2,5 Mio. und 3 Mio. Menschen (vgl. Krei 2018). Auch wenn diese Quoten weit entfernt von Spitzen-Sendungen wie der Krimi-Serie »Tatort« sind, gibt es ein Stammpublikum – sowohl hinter als auch vor der Mattscheibe.

Im Jahr 2018 war der Politiker, der am häufigsten in einer der genannten vier großen Polit-Talkshows der öffentlich-rechtlichen Fernsehsender zu Gast war, der Grünen-Bundesvorsitzende Robert Habeck (13 Mal). Ihm folgen Annalena Baerbock (Die Grünen), Christian Lindner (FDP) und Peter Altmaier (CDU) mit jeweils zehn Besuchen. Katarina Barley (SPD) kam auf neun Besuche, Norbert Röttgen (CDU) auf acht. Paul Ziemiak (CDU), Olaf Scholz (SPD) und Sarah Wagenknecht (Die Linke) saßen sieben Mal in einer Talkshow. Alexander Gauland (AfD) war drei Mal zu Gast (für alle vgl. Spiegel Online 2019).

Über das Jahr und auf vier, in der Regel wöchentlich stattfindende, Talkshows heruntergebrochen, widerlegen diese Zahlen den Eindruck, es seien immer die gleichen Gäste eingeladen – ein Eindruck, der sich auch auf die Themenvielfalt von Talkshows erstreckt. Insbesondere, wenn zeitlich aufeinander folgende Sendungen betrachtet werden, ähneln sich die Themen häufig doch frappierend. Dieser Effekt ist medienwissenschaftlich mit den oben erwähnten Nachrichtenfaktoren, hier vor allem der Frequenz, zu begründen. Olaf Zimmermann, Geschäftsführer des Deutschen Kulturrats, hat dies 2018 zum Anlass an einer grundsätzlichen Kritik an dem Format genommen. »Mehr als 100 Talkshows im Ersten und im Zweiten haben uns seit 2015 über die Themen Flüchtlinge und Islam informiert und dabei geholfen, die AfD bundestagsfähig zu machen. Die Spaltung der Gesellschaft hat seit 2015 deutlich zugenommen.« (Deutscher Kulturrat 2018)

Journalisten von ZEIT Online haben daraufhin eine Themenauswertung der oben genannten Talkshows vom 1. Januar 2012 bis zum 7. Juni 2018 vorgenommen (vgl. Krinninger u. a. 2018). Die Autoren konnten für die Jahre 2017 und 2018 keine weitere Konzentration von Sendungen zum Thema »Flüchtlinge/Integration« feststellen; ihrer Analyse zufolge behandelten 2017 fünf von 136 Sendungen diesen Themenkomplex, in der ersten Jahreshälfte 2018 fünf von 64 Sendungen (vgl. ebd.). Gleichwohl steht das Thema auf Platz drei der zehn häufigsten Themenkomplexe, nach »Internationale Beziehungen« und »Parteipolitik/Wahlen«. Dies erklärt sich dadurch, dass sich 2015 und 2016 fast jede vierte Talkshow (62 von 275 Sendungen) mit »Flüchtlinge/Integration« befasste (vgl. ebd.). Dabei kann die Zahl durchaus höher ausfallen, da in angrenzenden Themenfeldern wie »Rechtspopulismus« oder »Innere Sicherheit/Islamistischer Terror« Geflüchtete und die Flüchtlingspolitik ebenfalls häufig zur Sprache kamen. Und, wie die Autoren schreiben: »Neben der Themensetzung können auch suggestive Fragen, unwidersprochene Antworten und die Einladung von Menschen mit polarisierenden Ansichten eine Diskussion in eine bestimmte Richtung lenken.« (ebd.)

Polarisierung und Zuspitzung werden einerseits beklagt, tragen andererseits aber auch dazu bei, dass sich überhaupt so viele Menschen Talkshows ansehen. Der Zuschauer sucht und genießt den Schaukampf, denn politische Talkshows bieten nicht nur Information, sondern auch Unterhaltung, »Politainment«. Der Medienwissenschaftler Andreas Dörner schreibt dazu:

> »Wer käme schon heutzutage auf die Idee, sich in aller Länge eine Bundestagsdebatte anzuhören? Diese Talk-Formate, die gerade aufgrund ihrer Verbindung von Politik und Unterhaltung, Talk und Show so erfolgreich sind, sollten als Kanäle der politischen Information und Auseinanderset-

zung mit ihrer gigantischen Reichweite nicht unterschätzt werden.« (Dörner o. J., S. 29).

Also »kein Grund für pauschale Verfallsszenarien« (ebd., S. 32)? Sicherlich nicht, wenn bestimmte Rahmenbedingungen beachtet werden:
1. Varianz der eingeladenen Personen. Neben dem Achten auf eine Verteilung von Parteivertretern, zum Beispiel entsprechend der Mandatszahl im Deutschen Bundestag, sollten auch neue Stimmen integriert werden. Oft wurde zum Beispiel über Geflüchtete diskutiert, ohne einen Geflüchteten zu Wort kommen zu lassen, über Islam ohne anwesende Muslime und so weiter.
2. Einladen nicht nach erwarteter Konfrontation, sondern nach politischem Amt. Manche Personen werden vor allem als Talkshow-Gäste eingeladen, weil sie für kontroverse Positionen bekannt sind. In diesen Fällen artet eine Talkshow häufig zum Showkampf aus. Warum nicht stattdessen einen Fachsprecher aufgrund seiner inhaltlichen Expertise anhören?
3. Möglichst wertfreie Formulierung von Themen. Auch wenn der Titel einer Talkshow Aufmerksamkeit schaffen soll, muss zugleich darauf geachtet werden, welche Konnotationen er birgt und welche Wirkungen er entfalten kann. So wird mit einem Titel wie »Sind wir zu tolerant gegenüber dem Islam?« (Maischberger) ein Gegensatz zwischen »uns« und »dem Islam« konstruiert.
4. Eine Moderation, die nachhakt, aber nicht ein definiertes Ziel verfolgt. Moderatoren bieten eine Bühne, sie setzen Themen und sie können den Verlauf einer Diskussion entscheidend mitbestimmen. Dadurch haben sie viel Macht und sollten kein übergeordnetes Ziel verfolgen, wie das Entlarven von Rechtspopulisten oder die Beurteilung der Regierung.
5. Möglichkeiten zum Dialog mit den Zuschauern. Sowohl das Publikum vor Ort als auch die Zuschauer vor dem Fernseher können beispielsweise über Chatfunktionen in die Diskussion

integriert werden. Dies schafft häufig einen neuen Blickwinkel, bringt die Perspektive Betroffener ein und sorgt so für Authentizität und Glaubwürdigkeit.
6. Gelegentliche Konsultation von Medienwissenschaftlern und politischen Akteuren zur Wirkung der Sendung. Die Ausführungen in diesem Kapitel haben gezeigt, dass auch in anderen Medien über das Format der Talkshow berichtet wird; die Sendungen werden am Arbeitsplatz oder im Bekanntenkreis diskutiert; es gibt wissenschaftliche Abhandlungen. Sendekritiken sind darüber hinaus eine gute Gelegenheit für die Produzenten einer Talkshow, um Selbst- und Fremdbild zu überprüfen und mehr über (unbeabsichtigte) Wirkungen zu erfahren.

Soziale Medien

Debatten finden heute häufig in sozialen Medien statt. Das ist zunächst einmal nicht verwunderlich, da die sozialen Medien sich gerade durch ihren dialogischen Charakter auszeichnen. Zudem wird das alte Sender-Monopol aufgehoben, da mit wenig Aufwand Inhalte produziert und distribuiert werden können. Damit hat sich insbesondere in der Anfangszeit der sozialen Medien die Hoffnung auf Partizipation und Demokratisierung verbunden. So kam den sozialen Medien zu Beginn des Arabischen Frühlings eine Schlüsselrolle zu, und auch Debatten wie #MeToo oder einige Jahre zuvor #Aufschrei wären ohne die sozialen Medien nicht denkbar gewesen.

Nicht überraschend hat sich aber nach der Anfangseuphorie eine gewisse Ernüchterung eingestellt und schnell wurden die sozialen Medien vom Heilsbringer zur Gefahr für die Demokratie ernannt. Die Sorge um den Schutz der eigenen Daten und das zunehmende Bewusstsein dafür, dass Plattformen wie Facebook und Twitter letztlich von privatwirtschaftlichen Konzernen mit ökonomischen Interessen unterhalten werden, sind zwei Gründe für die wachsende Skepsis. Darüber hinaus erleben Nutzer dieser Medien aber auch alltäglich, wie Aggressionen und Hass den Dialog immer mehr erschweren. War es also nur eine Utopie, dass die technischen

Möglichkeiten des Internets zu sozialer Verständigung führen? Die Frage impliziert, dass die technische und die soziale Dimension zusammen gedacht werden müssen, wenn es darum geht, das Potenzial sozialer Medien für unser Thema »Lasst uns reden« auszuloten. Eine schwarz-weiß-Lesart bringt uns dabei nicht weiter, vielleicht aber ein genauerer Blick darauf, wo und wie in den sozialen Medien debattiert wird.

Das Reuters-Institut in Oxford hat im Jahr 2018 eine weit beachtete Studie publiziert, nach der es immer schwieriger ist, eine öffentliche Meinung im Netz auszumachen. Menschen sind demnach wenig bereit, in öffentlichen Online-Diskussionen über politische Ereignisse zu diskutieren. Das bedeutet nicht, dass sie dies gar nicht mehr, sondern an anderen Orten tun. Die Autoren der Studie haben beobachtet, dass das Diskutieren von Nachrichten in persönliche, private Räume verlagert wird. Die Befragten nutzen demnach den Facebook- oder Twitter-Feed, um sich zu informieren, sie platzieren ihre Diskussionsbeiträge aber in privaten Gruppen auf WhatsApp oder nutzen den Facebook-Messenger. Debatten finden dementsprechend immer seltener öffentlich statt (für alle vgl. Fanta 2018).

Dies führt zu der Frage, inwiefern überhaupt (öffentliche) Debatten in sozialen Medien geführt werden können. Viele, auch prominente, Nutzer bezweifeln dies inzwischen. Populäres Beispiel ist Grünen-Chef Robert Habeck, der sich im Januar 2019 aus den sozialen Medien verabschiedete, nachdem private Daten über seine Familie dort veröffentlicht worden waren und er sich selbst zu einer polemischen Äußerung über die Demokratie in Thüringen auf Twitter hatte hinreißen lassen. Habeck (2019) dazu: »Offenbar triggert Twitter in mir etwas an: aggressiver, lauter, polemischer und zugespitzter zu sein – und das alles in einer Schnelligkeit, die es schwer macht, dem Nachdenken Raum zu lassen. Offenbar bin ich nicht immun dagegen.« Dass dieser Twitter-Abschied eine Welle von Reaktionen positiver wie negativer Art auslöste, zeigt, dass die Menschen sich intensiver auch mit ihrer eigenen Nutzung sozialer Medien auseinandersetzen, was grundsätzlich positiv zu bewerten ist. Ähnlich wie Habeck beklagen viele die Verkürzung der Argumentation sowie die Zuspitzung und Emotionalisierung, die dieses Medium befördere.

Dies ist kein neuer Befund. Bereits im Jahr 2016 haben Wissenschaftlerinnen der Universität Hildesheim in einer Studie herausgefunden, dass inhaltliche Debatten in den sozialen Medien kaum stattfinden (vgl. Beer 2018). Am Beispiel globaler Protestbewegungen wie Occupy konnten sie zeigen, dass die sozialen Medien hauptsächlich zur Mobilisierung und Emotionalisierung genutzt werden. »Wohlfühlaktivisten« würden sich damit begnügen, zu liken und zu retweeten; debattiert und argumentiert werde in den sozialen Medien nicht (vgl. ebd.).

Das mag auch darin begründet liegen, dass sich in sozialen Medien häufig Gleichgesinnte treffen, die sich nicht gegenseitig argumentativ überzeugen müssen. Dieses Phänomen ist als »Filterblase« viel diskutiert worden und ein gutes Beispiel dafür, wie die technische und die soziale Dimension der Kommunikation im Netz untrennbar verbunden sind. Denn die Tatsache, dass Nutzer permanent Inhalte vorgesetzt bekommen, die sie in ihrem eigenen Denken über die Welt bestätigen, erklärt sich durch Algorithmen, die die Informationen selektieren. Auch wenn das Phänomen der Filterblase nicht neu ist (auch früher haben Menschen am liebsten die Zeitung gelesen, die der eigenen Meinung nahestand), hat es in Zeiten digitaler Kommunikation eine neue Brisanz gewonnen. Die Algorithmen sind für den Nutzer eine »Black Box« – die Tatsache, dass eine Zeitung politisch eher rechts oder eher links eingestellt ist, ist dem Leser bewusst oder kann es ihm zumindest sein (vgl. Lobe 2018).

Filterblasen oder Echokammern, in denen durch die Kommunikation mit Gleichgesinnten die Sicht auf die Welt notwendigerweise verengt wird, machen sich dabei zunehmend populistische Kräfte zunutze. Sie haben verstanden, dass es in den sozialen Medien eben nicht um die Erzeugung einer kritischen Öffentlichkeit geht, sondern vielmehr Affekte wie Aufregung, Emotionen oder sogar Hass geschürt werden können (vgl. ebd.). Sie treiben den

Effekt durch den Einsatz von Social Bots auf die Spitze. Mit Hilfe dieser automatisierten Accounts mit einem menschenähnlichen Verhalten werden Informationen und Meinungen zielgerichtet in sozialen Medien verbreitet. Erste Studien zeigen, dass schon ein geringer Anteil dieser Bots die so genannte Schweigespirale in Gang setzt (vgl. Brachten 2019). Die Theorie der Schweigespirale besagt, dass Menschen aus Angst vor sozialer Isolation ihre eigene Meinung ständig mit der des Umfelds abgleichen und die Meinung äußern, von der sie denken, dass diese der Mehrheitsmeinung entspricht. Wenn Bots eine Meinung vertreten, gaukeln sie damit nur vor, dass dies die Mehrheitsmeinung sei – und trotzdem ändert sich das Meinungsklima zugunsten dieser artifiziellen Meinung (vgl. ebd.).

Vor der Bundestagswahl im Jahr 2017 wurde viel darüber diskutiert, ob und wie Bots im Wahlkampf eingesetzt werden (dürfen). Einiges deutet darauf hin, dass eben nicht nur Menschen, sondern auch Automaten im Netz Stimmung machen. Zuletzt wurde dieses Phänomen in Zusammenhang mit einer Studie des US-amerikanischen Forschers Trevor Davis diskutiert. Davis hat sich in einer Analyse mit der Präsenz deutscher Parteien auf der Plattform Facebook beschäftigt (vgl. Diehl u. a. 2019). Er kommt zu dem Ergebnis, dass bei den von Nutzern geteilten Beiträgen der Parteien 85 % auf die AfD entfallen, deren Botschaften damit überproportional häufig vertreten sind. Emotionalisierung und Zuspitzung entsprechen dabei der Logik der sozialen Medien genauso wie derjenigen der Partei. Und angesichts der immensen Zahl von Beiträgen liegt die Vermutung nahe, dass »es eine Mischung von lebendigen Anhängern und digitalen Automaten ist, die der AfD die Lufthoheit auf Facebook sichern« (vgl. ebd., S. 19).

Medien als Anbieter von Debattenformaten

Nach den bisherigen Ausführungen kann der Eindruck entstehen, dass Medien eine nicht geringe Mitschuld an aufgeheizten Debatten in Deutschland tragen. Hier gilt es aber zu differenzieren, insbesondere zwischen Medien als Anbietern von Inhalten, wie bei den klassischen Massenmedien der Fall, und Medien als Plattformen zur Verbreitung von Inhalten, wie bei Facebook & Co. Im letzten Fall gibt es zwar Versuche einer Regulierung, aber keine Instanz, die sich für die Qualität der Inhalte verantwortlich fühlt. Für die klassischen Medien gibt es eine solche Instanz in Form des Pressekodexes des Deutschen Presserats, hinzu kommen qualitätssichernde Aktivitäten von Berufsverbänden wie dem Deutschen Journalisten-Verband und nicht zuletzt die professionalisierte Ausbildung in Journalistik-Studiengängen an Universitäten und Journalistenschulen.

Auch die klassischen Medien stehen jedoch unter einem zunehmenden ökonomischen Druck; Erfolge lassen sich nicht (nur) mit journalistischer Qualität verbuchen. Gleichwohl gibt es eine historisch gewachsene publizistische Verantwortung, die eine Art Handlungsmaxime darstellt. Sie führt dazu, dass Medien sich nicht nur selbstkritisch mit ihren Inhalten auseinandersetzen, sondern dass sie auch neue Angebote für Dialog und Debatte schaffen.

Am 23. September 2018 trafen sich in Deutschland 8.000 Menschen: Elf Medienhäuser unter der Schirmherrschaft des Bundespräsidenten Frank-Walter Steinmeier hatten zu der Aktion »Deutschland spricht« eingeladen (www.zeit.de/serie/deutschland-spricht). Die Idee: zwei Menschen zusammenzubringen, die nah beieinander wohnen, aber politisch völlig unterschiedlich denken. Begleitet wurde die Aktion von einer Medienkampagne, die Gegensatzpaare mit ihren Streitpunkten, aber auch mit in der Diskussion deutlich gewordenen Gemeinsamkeiten vorstellte. Dass an einem Tag mehrere tausend Menschen miteinander diskutieren, ist ein gutes Zeichen, auch wenn hier sicherlich kein repräsentativer Ausschnitt aus der Gesamtbevölkerung erreicht wurde. Trotzdem lobten viele Beteiligte die Erfahrung und äußerten sich zufrieden, bei dem Experiment mitgewirkt zu haben. Und für fast alle war es eine neue Erfahrung, über eine längere Zeit mit einem unbekannten Menschen über kontroverse Themen gesprochen zu haben. Interessant wäre zu sehen, ob diese Erfahrung sich auf die Debattenkultur im Alltag ausgewirkt hat und die grundsätzliche Toleranz für andere Ansichten gestiegen ist.

Intensiver hat sich auch die Süddeutsche Zeitung mit der Debatte jenseits von Filterblasen beschäftigt und u. a. die »Werkstatt Demokratie« ins Leben gerufen (www.sueddeutsche.de/thema/Werkstatt_Demokratie). Dabei handelt es sich um ein Projekt, bei dem die Leser Themen vorgeben, die die SZ-Redaktion behandeln soll. Erste Rechercheergebnisse werden veröffentlicht und digital sowie analog in Workshops mit den Lesern weiter diskutiert. Anfang 2019 standen drei Themen zur Auswahl: »Wie viel Tourismus verträgt die Natur?«, »Billig, bio, fair – wie geht besser essen?« sowie »Europas Zukunft – in welcher Heimat wollen wir leben?«. Das Leservotum hat das letzte, am stärksten politisch ausgerichtete Thema deutlich präferiert. An den Debatten auf den sozialen Medien beteiligen sich verhältnismäßig wenige Menschen, auch die Workshops erreichen nur einen ausgewählten Kreis. Dies soll allerdings das Format nicht in Frage stellen, durch das auch über die direkte Kommunikation hinausgehende Diskurse angeregt werden können und eine direkte Verknüpfung zwischen journalistischer Arbeit, einem Medienprodukt und dessen Nutzern hergestellt werden konnte.

Ein eigenes Online-Debattenportal hat der Berliner Tagesspiegel aufgesetzt. »Tagesspiegel Causa« bietet Politikern und Experten eine Plattform, um über streitbare Themen zu diskutieren und lädt die Leser dazu ein, die Argumente zu bewerten (causa.tagesspiegel.de/). Dazu können sie mit einem einfachen Klicken auf das Symbol »Daumen hoch« oder »Daumen runter« ihre Zustimmung oder Ablehnung zu einer These in dem jeweiligen Artikel zum Ausdruck bringen. In den vier Bereichen Politik, Wirtschaft, Gesellschaft und Kultur werden so unterschiedliche Themen diskutiert wie: »Ist die Klassik noch zeitgemäß?«, »Hat Deutschland ein Armutsproblem?«, »Brauchen wir Gesetze gegen Fake News und Hasskommentare?« oder »Braucht Deutschland eine neue USA-Politik?« Jede Debatte hat einen Moderator (ein Redakteur des Tagesspiegels), aber mehrere Autoren unterschiedlicher Meinung und/oder politischer Herkunft und eine Vielzahl von Argumenten, die zur Abstimmung stehen. In einer interaktiven grafischen Debattenübersicht wird dargestellt, wie Zustimmung und Ablehnung sich verteilen.

Dies sind nur drei Beispiele, die zeigen, wie Verlags- und Medienhäuser versuchen, die Debattenkultur in Deutschland im positiven Sinne zu beeinflussen. Der Dialog steht dabei weniger im Zentrum (bei Causa kann der normale Leser zum Beispiel höchstens über die sozialen Medien mitdiskutieren), wohl aber das Bestreben, unterschiedlichen Meinungen und Argumenten Gehör zu verschaffen sowie die Anzahl der an einer Diskussion beteiligten Personen zu erhöhen. Dies haben Medien schon immer getan, jedoch können innovative Formate wie die drei hier skizzierten heutzutage neue Akzente setzen. Somit tragen sie dazu bei, dass traditionelle Medien ihren Informationsauftrag erfüllen und den Plattformanbietern nicht kampflos das diskursive Feld überlassen.

Zusammenfassende Empfehlungen

Medien sind seit jeher Orte der Debatte und stellen sich dieser Aufgabe im Bewusstsein ihrer publizistischen Verantwortung. Ihr Sender-Monopol haben sie dabei längst aufgegeben, zu ausdifferenziert ist die Medienlandschaft und auch das Bewusstsein der Konkurrenz durch Social-Media-Plattformen dürfte inzwischen überall vorhanden sein. Krisen schweißen bekanntlich zusammen, und so gibt es vermehrt journalistische Kollektive, die sich mit komplexen gesellschaftlichen Herausforderungen befassen und mit ihren investigativen Recherchen Licht in so manches Dunkel bringen. So enthüllte ein Rechercheverbund aus NDR, WDR und Süddeutscher Zeitung 2016 legale Strategien der Steuervermeidung, aber auch Steuer- und Geldwäschedelikte sowie weitere Straftaten von beteiligten Unternehmen und Personen. Ein »Meisterstück des investigativen Journalismus«, wie Frank Überall, Vorsitzender des Deutschen Journalistenverbands, lobte (vgl. Sagatz 2016).

Verantwortung tragen jedoch nicht allein die Produzenten von medialen Inhalten, auch die Rezipienten sind verantwortlich dafür, wie und was sie medial konsumieren. Im Klagen über eine vermeintlich geringere Qualität journalistischer Texte oder die ökonomischen Interessen von Medien dürfen wir nicht vergessen, dass die Zahlungsbereitschaft für journalistische Qualität, gerade im Online-Bereich, in den letzten Jahren nicht sonderlich hoch war. Bezahlmodelle für Online-Journalismus waren bislang wenig erfolgreich. Hinzu kommt das Nutzungsverhalten: Lieber klicken wir uns schnell durch Nachrichten im Netz als uns Zeit für die Lektüre einer ausführlichen Reportage zu nehmen. Und mit hoher Wahrscheinlichkeit lesen auch Sie und ich gerne das, was uns in unserer vorgefertigten Meinung bestätigt.

Die folgenden Empfehlungen adressieren daher beide, Produzenten wie Rezipienten von medialen Inhalten – zumal die Rezipienten durch die digitalen Plattformen häufig selbst zu Produzenten werden.

1. **Soziale Medien nicht über-, aber auch nicht unterschätzen**
   Die bisherigen Ausführungen haben gezeigt, dass sich mit den sozialen Medien viele Hoffnungen, aber auch Befürchtungen verbinden. Neue Kulturtechniken wollen erlernt werden und dieser Lernprozess ist noch nicht abgeschlossen. Für unser Thema »Lasst uns reden« ist festzuhalten, dass viele, vor allem junge Menschen, heute am besten über die sozialen Medien erreicht werden und jene somit eine Chance für Debatten bieten. Wirklich diskutiert wird in den sozialen Medien aber (noch) zu wenig.

2. **Wichtige Debatten offline führen**
   Aus Punkt 1 ergibt sich, dass wichtige Debatten, ob im privaten oder politischen Umfeld, persönlich geführt werden sollten. »Facebook oder Youtube sind keine Debattierclubs.« (Lobe 2018); Argumentieren und Überzeugen gelingen am besten in

einem geschützten Raum – diese Erfahrungen machen Politiker genauso wie die Medien als Anbieter von analogen Debatten.

3. **Die eigene Filterblase öfter mal verlassen**
Das Internet ist das Land der unentdeckten Möglichkeiten und trotzdem bewegen wir Nutzer uns häufig auf den gewohnten Pfaden. Jenseits derer warten aber unter Umständen neue, inspirierende Erkenntnisse und Begegnungen. So findet man auf Facebook alte Bekannte (z.B. aus Schulzeiten) wieder, mit denen man inzwischen weder den gleichen Wohnort noch die gleichen Ansichten teilt. Und auch in Bezug auf Zeitungen und Fernsehen gibt es genügend Varianz und damit auch andersartige Meinungen und Sichtweisen auf die Welt.

4. **Vielfalt tut Not – in doppelter Hinsicht**
Doch nicht nur wir Medienkonsumenten, auch die Medienproduzenten brauchen Vielfalt. Angesichts vieler paralleler Teilöffentlichkeiten besteht sogar ein doppelter Bedarf an Vielfalt: Auf Seiten der Produzenten müssen Journalisten, Redaktionen und Medienkonzerne darauf achten, verschiedene Stimmen zu Wort kommen zu lassen. Zudem besteht Bedarf an Nachrichtenvielfalt für die in viele unterschiedliche mediale Zielgruppen aufgeteilte Gesellschaft. Wenn alle großen Redaktionen nur das berichten, was andere auch schon berichtet haben, leidet diese Vielfalt.

5. **Verantwortungsvoller Umgang mit Medienmacht**
Medien haben Deutungsmacht, denn sie prägen maßgeblich unsere Sicht auf die Gegenwart. Mit Macht muss man in der Demokratie verantwortungsbewusst umgehen, das gilt auch für Redaktionen und Journalisten. Dazu gehört, sich um wertungsfreie Nachrichten ebenso zu bemühen wie um Titel, die Menschen weder ausgrenzen noch abwerten.

6. **Debatten nicht undemokratischen Kräften überlassen**
   Fatal wäre es in der Tat, zu resignieren und das Feld denjenigen zu überlassen, die im Netz, in Talkshows und andernorts Hass und Verachtung verbreiten. Auch wenn man sich nicht in jede Debatte begeben sollte – vor allem nicht, wenn sie von vornherein nur auf Provokation ausgerichtet ist oder den Boden des Grundgesetzes verlässt –, dürfen soziale Medien aufgrund ihrer hohen kommunikativen Bedeutung nicht Rechtspopulisten oder anderen Gegnern der Demokratie überlassen werden.

7. **Es wird nie wieder so, wie es niemals war**
   Viele Menschen fühlen sich von der heterogenen Medien- und Meinungslandschaft sowie von den gleichzeitig existierenden Teilöffentlichkeiten überfordert und kritisieren diese angeblich neue Unübersichtlichkeit. Aber – zum Glück – gehörten zu einer demokratischen Gesellschaft immer schon Meinungspluralität und eine vielstimmige Medienlandschaft. Eine Rückkehr zur strikten Trennung in Medienproduzenten auf der einen Seite und Konsumenten auf der anderen Seite wird es nicht geben. Insofern muss jeder Einzelne und die Gesellschaft als Ganzes Medienkompetenz erlangen und mit den sich sicherlich weiter wandelnden Kommunikationsmedien und -techniken umzugehen lernen.

Quellen

Beer, Kristina (2018): Überschätzte Debattenkultur: Soziale Medien in Protestbewegungen. https://www.heise.de/newsticker/meldung/Ueberschaetzte-Debattenkultur-Soziale-Medien-in-Protestbewegungen-3084001.html. Zugegriffen: 4. Mai 2019.

Beck, Klaus (2013): Kommunikationswissenschaft. 3. Auflage. Konstanz: UVK Verlagsgesellschaft.

Bey, Paul; Haarfeldt, Mark; Richter, Johannes; Wamper, Regina (2016): Pegida im Spiegel der Medien. Vom »bürgerlichen Protest« zur »Bedrohung von rechts«. Eine Studie des Duisburger Instituts für Sprach- und Sozialforschung. http://www.diss-duisburg.de/wp-content/uploads/2016/12/DISS-Pegida-im-Spiegel-der-Medien-2016.pdf. Zugegriffen: 26. April 2019.

Brachten, Florian (2019): Social Bots als Auslöser einer Schweigespirale in sozialen Medien. https://connected-organization.de/2019/03/social-bots-als-ausloeser-einer-schweigespirale-in-sozialen-medien/. Zugegriffen: 5. Mai 2019.

Breunig, Christian; van Eimeren, Birgit (2015): 50 Jahre »Massenkommunikation«: Trends in der Nutzung und Bewertung der Medien. https://www.ard-werbung.de/fileadmin/user_upload/media-perspektiven/pdf/2015/50_Jahre_Massenkommunikation_-_Trends_in_der_Nutzung_und_Bewertung_der_Medien.pdf. Zugegriffen: 25. April 2019.

Deutscher Kulturrat (2018): Auszeit: Ein Jahr Talkpause im Ersten und im ZDF? https://www.kulturrat.de/presse/pressemitteilung/auszeit-ein-jahr-talkpause-im-ersten-und-im-zdf/. Zugegriffen: 1. Mai 2019.

Deutschlandfunk (2018): Über jeden »Mist« berichten? https://www.deutschlandfunk.de/die-verantwortung-der-medien-ueber-jeden-mist-berichten.2907.de.html?dram:article_id=418010. Zugegriffen: 25. April 2019.

Diehl, Jörg; Lehrberger, Roman; Müller, Ann-Katrin; Seibt, Philipp (2019): Die rechte Welle surfen. In: Der Spiegel Nr. 18 / 27.4.2019, S. 18-19.

Dörner, Andreas (o.J.): Politainment. Thesen zum Zusammenhang von Politik und Unterhaltung in der deutschen Gegenwartsgesellschaft. https://www.kas.de/c/document_library/get_file?uuid=fd17b9a8-1f0e-211a-cca0-79e97049022b&groupId=262284. Zugegriffen: 1. Mai 2019.

Fanta, Alexander (2018): Studie: Debatten in sozialen Medien immer seltener öffentlich. https://netzpolitik.org/2018/studie-debatten-in-sozialen-medien-immer-seltener-oeffentlich/. Zugegriffen: 4. Mai 2019.

Habeck, Robert (2019): Bye bye, twitter und Facebook. https://www.robert-habeck.de/texte/blog/bye-bye-twitter-und-facebook/. Zugegriffen: 4. Mai 2019.

Haller, Michael (2017): Die »Flüchtlingskrise« in den Medien. Tagesaktueller Journalismus zwischen Meinung und Information. OBS-Arbeitsheft 93. https://www.otto-brenner-stiftung.de/fileadmin/user_data/stiftung/02_Wissenschaftsportal/03_Publikationen/AH93_Fluechtingskrise_Haller_2017_07_20.pdf. Zugegriffen: 26. April 2019.

Haller, Michael (1997): Das Interview. Ein Handbuch für Journalisten. 2. Aufl. Konstanz: UVK.

Krei, Alexander (2018): Genug geredet? Sind die Zuschauer Talkshow-müde? https://www.dwdl.de/magazin/67105/genug_geredet_sind_die_zuschauer_talkshowmde/. Zugegriffen 1. Mai 2019.

Krinninger, Theresa; Ströbele, Carolin; Tröger, Julius; Loos, Andreas; Skowronnek, Alsino (2018): Die Flüchtlinge waren nur eine Phase. https://www.zeit.de/politik/deutschland/2018-06/talkshows-themensetzung-fluechtlinge-populismus-analyse. Zugegriffen 1. Mai 2019.

Lauer, Christopher (2018): »Echt guter Auftritt«. https://www.zeit.de/2018/26/politische-talkshows-debatte-populismus-sandra-maischberger/seite-2. Zugegriffen: 1. Mai 2019.

Lobe, Adrian (2018): Was passiert, wenn die Filterblase platzt? https://www.sueddeutsche.de/medien/filterblase-facebook-youtube-soziale-netzwerke-1.4245243. Zugegriffen: 5. Mai 2019.

Luhmann, Niklas (1996): Die Realität der Massenmedien. 2., erw. Auflage. Opladen: Westdeutscher Verlag.

Maischberger, Sandra (2018): Abschalten? https://www.zeit.de/2018/25/sandra-maischberger-talkshow-themen-fluechtlinge-populismus-demokratie. Zugegriffen: 1. Mai 2019.

Sagatz, Kurt (2016): »Meisterstück des investigativen Journalismus«. https://www.tagesspiegel.de/politik/panama-papers-meisterstueck-des-investigativen-journalismus/13399440.html. Zugegriffen am 16. Mai 2019.

Schulz, Winfried (1976): Die Konstruktion von Realität in den Nachrichtenmedien. Freiburg/München: Karl Alber.

Spiegel Online (2019): Habeck war der häufigste Talkshowgast 2018. https://www.spiegel.de/kultur/tv/politiker-in-talkshows-robert-habeck-war-2018-am-haeufigsten-zu-sehen-a-1247296.html. Zugegriffen 1. Mai 2019.

Vaunet (2018): Mediennutzung in Deutschland 2018. https://www.vau.net/system/files/documents/vaunet_mediennutzung-2018-publikation.pdf. Zugegriffen: 25. April 2019.

Werthschulte, Christian (2017): »Nach« Köln ist wie »vor« Köln. Die Silvesternacht und ihre Folgen. https://www.bpb.de/apuz/239696/die-silvesternacht-und-ihre-folgen?p=all. Zugegriffen: 26. April 2019.

MEHR KONTROVERSE WAGEN – INTERVIEW ÜBER DIALOGE IN DER WISSENSCHAFT MIT MANUEL J. HARTUNG

Manuel Hartung wurde an der Henri-Nannen-Schule zum Journalisten ausgebildet und studierte nach einer ersten Tätigkeit für die ZEIT Geschichte in Bonn und New York sowie Public Administration in Harvard. Seit 2015 leitet er das Ressort »Chancen« für Bildungs- und Wissenschaftsthemen der Wochenzeitung »Die ZEIT« und ist Herausgeber von »ZEIT Campus«.

Herr Hartung, Sie befassen sich als Journalist intensiv mit dem Wissenschaftsbetrieb. Mitte April erschien ein Artikel von Ihnen auf der Titelseite der ZEIT, in dem Sie die Wissenschaft auffordern, mehr kontroverse Dialoge zu führen. Ist Wissenschaft also zu wenig diskursiv?

Manuel J. Hartung: Hochschulen sind in den vergangenen Jahrzehnten stark gewachsen; heute studieren knapp drei Millionen junge Menschen. Meiner Meinung nach müssten daher Hochschulen zentrale Diskursorte für die Gesellschaft sein, Stätten konstruktiven Streits und des Ringens um die beste Lösung eines Problems. Diese Rolle nehmen Universitäten und Hochschulen aber im Moment zu wenig an. Sie wirken kleiner als es ihrer tatsächlichen großen Bedeutung für diese Gesellschaft entspricht. Mir fehlen in großen gesellschaftlichen Debatten oft die Meinungen der Wissenschaftler; sie hätten so vieles beizutragen! Diejenigen, die diskursiv mitmachen, zeigen das deutlich. Ich sehe daher in der Tat ein Diskursproblem zwischen Wissenschaft und Gesellschaft, bei aller Problematik von solchen Generalisierungen.

Ein erster Grund dafür ist der Trend zur Parzellierung von Wissen. Wissenschaftler forschen heute meistens sehr kleinteilig und hochspezialisiert. Das ist oft fachlich notwendig, aber es macht den öffentlichen Dialog mit der Gesellschaft schwieriger. Zweitens beobachte ich eine höfliche Zurückhaltung im Diskurs. Es mag ja ehrenwert erscheinen, nicht immer seine Sichtweise mitteilen zu müssen, aber diese Zurückhaltung ist oft nicht notwendig. Eng damit verbunden ist, drittens, die Sorge vor Widerständen und mangelndes Zutrauen in die eigene Dialogfähigkeit. Viertens ist bisweilen die kommunikative Professionalität nicht groß genug, was aber deutlich abnimmt. Und fünftens besteht ein Diskursproblem paradoxerweise auch darin, dass es einzelne Wissenschaftler gibt, die sich zwar intensiv öffentlich äußern, dies aber ausgerechnet zu Themen, zu denen sie gar nicht geforscht haben. Das stärkt nicht unbedingt das Vertrauen in die Wissenschaft.

Ein Beispiel, in dem sich diese Faktoren verdichten, war das Verhalten der Wissenschaft in der Debatte um die gesundheitlichen Folgen der Feinstaubbelastung durch Dieselabgase. Nach Erscheinen einer umstrittenen Studie des ehemaligen Präsidenten der Deutschen Gesellschaft für Pneumologie, der die Gesundheitsschädigungen durch Dieselabgase in Zweifel zog, hat die Wissenschaft rund eine Woche geschwiegen. Es war kein anderer Wissenschaftler, sondern ein Journalist der Tageszeitung »taz«, der den Rechenfehler des Studienautors aufdeckte. Hier sieht man wie im Brennglas: Selbstverkleinerung, falsche Zurückhaltung, Sorge vor Widerständen und mangelnde kommunikative Professionalität.

In dem angesprochenen Artikel sprechen Sie von Denk- und Sprechverboten in der Wissenschaft. Woran liegt diese Stille von Wissenschaft, zum Beispiel beim von Ihnen angesprochenen Dieselskandal?

MJH: Beim Dieselskandal schien mir das Bewusstsein zu fehlen, wie dringlich es ist, dass Wissenschaftler schnell, präzise und angemessen in der öffentlichen Debatte reagieren. Die Debatte, so schrieb es mein Kollege Ulrich Schnabel, »dürfte in die Lehrbücher eingehen – als Beispiel dafür, was bei einem öffentlichen Streit aus Sicht der Wissenschaft alles schieflaufen kann«. Wie aber könnten künftige Debatten anders verlaufen? In einem ersten Schritt müssten Wissenschaftler das Bewusstsein dafür entwickeln, ein wichtiger Diskursakteur zu sein und in einem zweiten Schritt versuchen, sprechfähig in öffentlichen Diskursen zu werden. Diese Sprechfähigkeit ist nicht nur eine Frage des wissenschaftlichen Selbstverständnisses als öffentlich finanzierte und dem Gemeinwesen verpflichtete Wissenschaftler, sie hat auch handwerkliche Dimension in Bezug auf schreiberische Prägnanz, öffentlichen Auftritt und auch den Austausch mit Redaktionen.

Was kann man denn tun, um die Wissenschaft zu ermutigen, hörbarer an öffentlichen Debatten teilzunehmen?

MJH: Das Selbstverständnis zu ändern, ist sicherlich die langwierigste Aufgabe. Leichter erscheint es mir mit der handwerklichen Frage – hier gibt es schon viele sehr gute Angebote. Aber es geht auch um eine systemische Frage: die Anreize im Wissenschaftsbetrieb. Ich würde in der ZEIT gern vielen jungen Wissenschaftlern Raum für ihre Debattenbeiträge geben. Aber zu viele sagen mir ab, weil sie Sorge haben, dass ein Zeitungsartikel ihrem fachlichen Ansehen schaden könnte. Zumindest in Teilen des Wissenschaftsbetriebs wird noch immer über einen Zeitungsartikel die Nase gerümpft, der notwendigerweise ein Thema stärker komprimiert und zuspitzt als dies ein Artikel in einer Fachzeitschrift tut – der aber sehr viel weniger Leser findet. Die Frage eines jungen Wissenschaftlers ist ja berechtigt, warum er Bürgerdialoge führen solle, wenn in Berufungsverfahren auf eine Professur nur die Liste der wissenschaftlichen Publikationen zählt. Insofern plädiere ich für ein ergänzendes Kriterium bei der Lehrstuhlbesetzung: öffentliches Dialogengagement neben exzellenter Forschung und einer hohen Qualität der Lehre.

Erfreulicherweise ist aber in jüngerer Zeit zu beobachten, dass die Wissenschaft zu einer stärkeren Beteiligung an öffentlichen Dialogen aufgefordert wird. Der Direktor des Berliner Naturkundemuseums Johannes Vogel beispielsweise betont immer wieder, Wissenschaft müsse das Zuhören lernen und regelmäßig in direktem Kontakt mit Bürgern stehen. Es gibt auch schon Hochschulen die den Transfer von Forschungsergebnissen in die Öffentlichkeit als »dritte Mission« neben Forschung und Lehre zu einer zentralen Aufgabe gemacht haben. Solche Grundsatzentscheidungen helfen dann auch jeder einzelnen Wissenschaftlerin bei ihrem Engagement in öffentlichen Dialogen.

Wie werden diese Ideen innerhalb der Wissenschaft diskutiert?

MJH: Man würde vielleicht denken: Das ist doch eine Selbstverständlichkeit. Allerdings gibt es auch Widerstand in der Wissenschaft gegen diese Forderung der Öffnung. Und es stimmt ja: Nicht alle Forschungsprozesse eignen sich für öffentliche Dialoge, nicht alle Themen sind öffentlich anschlussfähig. Deshalb fordere ich auch nicht, dass jede Forscherin in eine Talkshow gehen muss. Aber ich fordere, dass jede Wissenschaftlerin und jeder Wissenschaftler sich Gedanken über die öffentliche Dimension der eigenen Forschung macht und einen eigenen individuellen Zugang hierzu findet: Für den einen wird das die öffentliche Laborführung sein, für die andere ein Projekttag in einer Schule, für den dritten eine öffentliche Diskussionsveranstaltung, für die vierte ein spezieller Twitteraccount, für den fünften etwas ganz Neues, das mir noch gar nicht einfällt. Es muss nicht das eine Leitbild für alle geben, aber es muss für alle Möglichkeiten geben, öffentlich zu agieren. Und es ist wichtig, dass Universitäten, Hochschulen und Forschungsinstitute diese individuellen Wege in den Dialog ermöglichen.

Ihre Kritik an akademischen Denk- und Sprechverboten geht aus von der Kritik radikaler linker Studierender in den USA an real oder vermeintlich rechtspopulistischen Personen, denen ein Auftritt auf dem Campus untersagt werden sollte. Die Kritik, dass es einen Meinungsmainstream gäbe, von dem man nicht abweichen dürfe, äußern hierzulande aber auch Vertreter der AfD. Wie kommt es, dass wir in Diskussionen über Meinungs- und Wissenschaftsfreiheit immer so schnell beim Thema Rechtspopulismus sind?

MJH: Angebliche Sprechverbote und Tabus sind beliebte Topoi von Rechts. Man muss aber unterscheiden zwischen einem Topos, den es gibt und der instrumentell eingesetzt wird, und den realen Gefahren für die Meinungsfreiheit, die durchaus existieren: Wenn Wissenschaftler Sorge davor haben, sich frei zu äußern, wenn die Präsidenten des Hochschulverbands und der Hochschulrektorenkonferenz Sorgen vor Einschränkungen der Meinungsfreiheit äußern, beunruhigt mich dies. An den Hochschulen sollte es ja gerade um den »zwanglosen Zwang des besseren Arguments« gehen.

Hochschulen müssen ein entschiedenes Sowohl-als-auch versuchen. Einerseits müssen Hochschulen das Bedürfnis von Studierenden, in ihrer eigenen Identität nicht verletzt zu werden, ernstnehmen. Insofern ist es ja richtig, wenn Studierende von ihrem persönlichen Standpunkt her eine bestimmte Person und deren Aussagen problematisieren. Solche Kritik zeugt ja gerade davon, dass Hochschulen inklusive und diverse Institutionen geworden sind und unterschiedlichen Menschen Raum geben. So soll es auch sein! Andererseits müssen die Hochschulen auch umstrittenen Gesprächspartnern Raum geben, ihre Meinung zu äußern und die hart diskutieren zu lassen. Die Absage einer Diskussion ist nicht der richtige Weg, mit der Kritik von Studierenden umzugehen. Eine Bildungsinstitution muss es aushalten, Meinungen zu diskutieren, die von einer größeren Gruppe nicht geteilt werden. Und an dieser Stelle ist es egal, ob wir von rechtspopulistischen, linkspopulistischen oder anderweitigen Meinungen sprechen. Die klare Grenze ziehen die freiheitlich-demokratische Grundordnung und das Strafrecht. Ich finde es bedauerlich, wenn in Deutschland ein Polizeigewerkschafter, der sich kritisch über die Flüchtlingspolitik der Bundesregierung geäußert hat, Schwierigkeiten hat, an einer Hochschule zu sprechen. Genau diesen Fall gab es im Herbst 2017 an der Universität Frankfurt. Solche Auseinandersetzungen helfen Niemandem. Es wäre sowohl für Studierende als auch für den Gastredner gut gewesen, mit anderen Meinungen konfrontiert zu werden. Den Raum für deutlichen Widerspruch böte gerade eine öffentliche Diskussion. In diesem Sinne würde ich mich für ein Leitbild der streitenden Universität aussprechen – ein Leitbild, das konstruktiven Streit in den Hochschulen verankert.

Diskursverhinderung habe ich auch schon selbst erlebt, allerdings zu einem ganz anderen Thema. Eine von mir moderierte Veranstaltung zum Thema »Wer regiert die Universität?« wurde vor einigen Jahren massiv gestört, da bei ihr ein amtierender Wissenschaftssenator sprechen sollte, der von manchen Studierenden als neoliberaler Umgestalter der Universität gesehen wurde. Dabei hat der örtliche Asta-Referent, der ebenfalls auf dem Podium saß, dem Senator ordentlich Kontra gegeben. Das hat aber fast niemand mitbekommen, da wir anderthalb Stunden gegen ein Pfeifkonzert andiskutiert haben.

Womit Sie der Grundaussage dieses Buches zustimmen: Lasst uns reden – und zwar auch über Meinungsgrenzen hinweg.

MJH: Richtig. Gerade an Hochschulen und im Wissenschaftsbetrieb sollten alle miteinander reden. Wo, wenn nicht an Hochschulen, sollte das Argument Gewicht haben? Echte Bildung ist ohne intellektuelle Zumutungen nicht zu haben. Nur wer sich an Andersdenkenden reibt, kann seine Position prüfen. Denken und Streiten sind meines Erachtens Geschwister.

Aktivisten aus Initiativen gegen Rechtsextremismus kritisieren an der Einladung von Rechtspopulisten auf Podien, dass damit Positionen Raum gegeben würde, die bestimmte Mitglieder der Gesellschaft ausgrenzen, auch wenn die Schwelle zu strafrechtlich relevanten Äußerungen nicht überschritten werde. Man öffne den Diskursraum für rechtsextremes Denken und beeinflusst damit zumindest potenziell die politische Kultur und die Gesellschaft insgesamt.

MJH: Ich verstehe, dass rechtspopulistische Äußerungen Menschen schmerzen; mich schmerzen sie auch. Jemanden auszuladen, weil man ihm kein Podium bieten dürfe, scheint mir aber eine Idee des vordigitalen Zeitalters zu sein, die die Bedeutung webbasierter Kommunikation und insbesondere der sozialen Medien dramatisch unterschätzt. Hochschulen haben kein Vermittlungsmonopol, eine Universität ist kein geschlossener Raum; vielmehr kann jeder Rezipient immer auch ein Sender sein. Wenn man jemandem ein universitäres Podium verweigert, bedeutet das ja in Zeiten des Internets gerade nicht, dass diese Person nicht öffentlich sprechen könnte. Rechtspopulistische Positionen sind in der Öffentlichkeit präsent, auch durch eigene Kanäle. Kritische Studierende könnten sich daher fragen: Wie kann ich rechtspopulistische Thesen argumentativ widerlegen? Gelingt es mir, durch eine kontroverse Diskussion Positionen zu entlarven? Kann ich auch mein eigenes Denken im Widerspruch schulen?

Sie haben vorhin von der Idee der »streitenden Universität« gesprochen und auch jetzt klar für kontroverse Debatten argumentiert. Gibt es Beispiele, dass sich Wissenschaft als Institution oder einzelne Wissenschaftler einer Kontroverse gestellt und im positiven Sinne gestritten haben?

MJH: Die Kultur produktiven Streits ist noch unterentwickelt, deswegen werbe ich ja dafür. Aber es gibt eine Vielzahl von Beispielen für offene und öffentliche Dialoge. Mir fallen ein: die Utopiekonferenz an der Universität Lüneburg, bei der Studierende, Wissenschaftler und Bürger der Stadt über Utopien gestritten haben, die Veranstaltungen der Bürgeruniversität in Frankfurt oder auch die öffentlichen Auftritte der Universität Hamburg in diesem Jahr. Anlässlich des hundertsten Jubiläums präsentiert sich die Uni in der ganzen Stadt und lädt zu einer Vielzahl von Veranstaltungen für alle Zielgruppen ein, manche finden sogar in einer Einkaufspassage statt. Was für meinen Geschmack noch mehr passieren könnte, ist bei solchen Formaten das gezielte Einbeziehen von Politikern oder Aktivisten aus der Zivilgesellschaft.

Blicken wir noch einmal auf Rahmenbedingungen: Wie müssten sich diese ändern, um die streitende Universität zu fördern?

MJH: Kommunikation und Austausch mit der Gesellschaft müssten auch institutionell stärker in den Hochschulen verankert werden. Ich verstehe nicht, warum es so wenige Vizepräsidenten für die dritte Mission gibt und auch nur vereinzelte Vizepräsidenten für Kommunikation. Oft ist die Kommunikation eine Stabsstelle im Aufgabenbereich des Präsidenten. Das halte ich für falsch. Es sollte vielmehr eine Vizepräsidentschaft für Kommunikation und den Dialog mit der Gesellschaft geben. Dieses Amt müsste mit Budget hinterlegt und entsprechendem Personal ausgestattet werden. Die Amtsinhaberin oder der Amtsinhaber müsste auch nicht unbedingt selbst aus der Wissenschaft kommen, sondern könnte jemand aus der Verwaltung sein oder auch ein Kommunikationsexperte von außen; auch eine Hochschulkanzlerin oder eine Vizepräsidentin für Finanzen ist ja in der Regel keine Hochschulprofessorin.

Eine weitere Möglichkeit wäre, dass Stiftungen oder andere Mittelgeber eine Vorreiterrolle übernehmen und Forschungsgelder nur dann bewilligen, wenn ein Projekt die Kommunikation der Ergebnisse von Anfang in großem Ausmaß mitdenkt. Und damit meine ich nicht einen auf Papier gedruckten Abschlussband, der am Ende im Regal verstaubt, sondern neue, innovative Formate.

Sie haben 2010 ein Buch mit dem Titel »Die netten Jahre sind vorbei – Schöner leben in der Dauerkrise« veröffentlicht. Dieser Titel klingt nicht gerade optimistisch. Was meinen Sie mit »Zustand der Dauerkrise« und würden Sie diesen Ausdruck heute immer noch oder wieder verwenden?

MJH: Das Buch ist optimistisch, aber es handelt von einem Paradox: Ich bin 1981 geboren, für meine Generation herrschte immer Krise – Tschernobyl, Irakkrieg, Balkankrieg, 11. September, Finanzkrise, die Liste ließe sich fortsetzen. Wir sind im permanenten Krisenmodus groß geworden. Trotzdem ist meine Generation eine optimistische geworden. Wir haben das Gefühl: Wir können etwas erreichen, wenn wir unser Leben selbst in die Hand nehmen. Daran erkenne ich große Selbstwirksamkeit und Resilienz. Ich selbst bin heute noch optimistischer als 2010. Die Wirkmacht der jungen Generation, die freitags auf die Straße geht – eine andere Generation als die meinige – ist groß. Die Klimapolitik ist das bestimmende Thema im Jahr 2019, und dieses Thema hat die »Fridays-for-Future«-Bewegung auf die Agenda gesetzt. Mich beeindruckt, was diese Bewegung schon jetzt angestoßen hat.

Der Wahrnehmung, im Zustand einer »Dauerkrise« zu leben, stimmen heute viele Menschen zu, wie Umfragen immer wieder belegen. Was bedeutet diese Krisenwahrnehmung für die Diskurskultur in unserem Land?

MJH: Ich wünsche mir mehr Zuversicht in unseren Debatten. Ein Teil der Krise sind die negativen Ereignisse an sich, die bei uns oder irgendwo anders auf der Welt eintreten. Aber ein anderer Teil der Krise ist der Pessimismus, mit dem über die Gegenwart gesprochen wird. Pessimismus verschärft die Krisenwahrnehmung und macht die Gegenwart düsterer als sie ist. Angesichts jeder Veränderung – denken wir etwa an die digitalen Umwälzungen – kann man Sorgen äußern und sich dem Wandel verweigern. Und es stimmt: Jede Reform kann scheitern. Aber wer immer nur ans Scheitern denkt, wird passiv und verpasst es, das Leben selbst in die Hand zu nehmen.

Es wäre schon viel gewonnen, wenn am Ende jeder Podiumsdiskussion oder Talkshow festgehalten würde, wo Konsens bestand und welche lösungsorientierten Ideen geäußert wurden. Auch wenn das Podium nur in vier von zwölf Punkten Konsens herstellen konnte, wäre es doch konstruktiv, dies festzuhalten. Man würde die Menschen positiver entlassen als wenn der Dissens im Vordergrund stünde.

Als Mitglied des Vereins »Wertekommission« setzen Sie sich dafür ein, dass Werte einen Wert haben. Sie schreiben auf der Homepage »Es sollte gelingen, aus einer Angstkultur eine Mutkultur zu machen«. Was können Debatten zu einer Mutkultur beitragen?

MJH: Debatten können uns allen dabei helfen, uns selbst zu hinterfragen, Neues zu erfahren und im Idealfall auch, uns auf einen gemeinsamen Wissensstand zu einigen. Hier kann die Debattenkultur übrigens etwas von der wissenschaftlichen Methodik lernen: etwa zunächst genau zu definieren, was ein Begriff meint – zum Beispiel reden alle über Künstliche Intelligenz, aber kaum jemand weiß, was damit gemeint ist. Nach der Begriffsklärung folgt ein Überblick über das zum Thema vorhandene Wissen, eine These und dann eine Antithese. Veranstaltungen entlang dieser Dramaturgie zu beginnen, würde voraussichtlich in eine fundierte Diskussion führen.

Es gibt im Moment viel zu viele gesellschaftliche Meinungs-Biotope, die nicht miteinander reden. Viel zu oft reden immer dieselben Menschen miteinander: die Berliner Start-Up-Szene redet am liebsten unter sich und genauso die alte westdeutsche Industrie. Wie viel gewinnbringender wäre es, wenn beide kontrovers und divers miteinander redeten. Mein Wunsch lautet, dass auf Podien nur Menschen miteinander sprechen, die sich noch nicht kennen und noch nie zuvor miteinander diskutiert haben. Es müssen neue Stimmen gehört werden, junge Gesichter auftreten, Podien vielfältig nach Geschlecht und Herkunft besetzt sein. Mut macht mir, dass Menschen nach wie vor die persönliche Begegnung schätzen und suchen. Organisierte Diskussionen sind eine Gelegenheit dazu und werden auch angenommen. Interessante Formate, fundierte Information – gern von kommunikativen Wissenschaftlern vorgetragen – und ein diverses Publikum sind Zutaten für gute Dialoge. Und solche guten Dialoge finden auch regelmäßig in unserem Land statt!

Herzlichen Dank für das Gespräch.

MEHR ALS MARKETING?! – WIE SICH DIE WIRTSCHAFT IN GESELLSCHAFTSPOLITISCHEN DEBATTEN POSITIONIERT

Unternehmen kann man nicht vorwerfen, sie redeten zu wenig. Es ist davon auszugehen, dass wir heutzutage mit über 10.000 Werbebotschaften täglich konfrontiert sind – mehr als eine Verdoppelung innerhalb der letzten 15 Jahre (vgl. Koch 2018). Möglich ist dies unter anderem durch die Vielfalt an Medien und Kanälen, über die der Konsument erreicht werden kann: Neben Fernsehen, Zeitung und Radio sowie der klassischen Out-of-Home-Werbung bietet das Internet Kommunikationsmöglichkeiten. Sie sind für Unternehmen als Absender von Werbebotschaften attraktiv, weil man den Kunden mit seinen Interessen und Bedürfnissen noch besser kennen lernen und individualisiert ansprechen kann.

»Viel hilft viel« kann dabei jedoch nicht das Motto sein. Denn die Aufmerksamkeitsspanne für Werbebotschaften ist kurz und Menschen reagieren zunehmend genervt auf die Werbeflut, der sie beispielsweise durch Werbeblocker im Internet zu entgehen versuchen. Unternehmen greifen daher zu anderen Mitteln, um Aufmerksamkeit zu erlangen: Sie produzieren aufwändige Unternehmensmagazine, beteiligen Kunden schon bei der Produktentwicklung und engagieren sich für Themen, die auf den ersten Blick nichts mit ihrem Unternehmenszweck zu tun haben. Dabei sind sie der Kritik ausgesetzt, dies seien nur weitere Bestrebungen, ihr Unternehmensimage aufzupolieren, um damit letzten Endes doch wieder Produkte und Dienstleistungen zu verkaufen. Inwiefern verstehen sich Unternehmen aber darüber hinaus als gesellschaftspolitische Akteure, die sich auch entsprechenden Diskursen verpflichtet fühlen?

Und können Unternehmen dazu beitragen, dass eine neue oder eine verbesserte Diskurskultur entsteht? Diesen Fragen will das folgende Kapitel nachgehen.

Unternehmen als gesellschaftspolitische Akteure

Unternehmen sind immer schon politische Akteure gewesen. Durch Lobbying versuchen sie ihre Interessen im politischen Raum durchzusetzen und sind, wenn man Branchen wie die Automobilindustrie betrachtet, dabei durchaus erfolgreich. Gleichzeitig gestalten sie aber auch ihr gesellschaftliches Umfeld, und das nicht nur, indem sie Steuern zahlen und Arbeitsplätze schaffen. Nach einer Studie von Stifterverband und Bertelsmann Stiftung aus dem Jahr 2018 engagieren sich zwei von drei Unternehmen für gesellschaftliche Belange, die über das gesetzlich Notwendige hinausgehen. Als guter »Corporate Citizen« setzen sie sich beispielsweise für die Gestaltung ihrer Region, die Integration geflüchteter Menschen, die Reduzierung von Armut oder den Klima- und Umweltschutz ein (vgl. Labigne u. a. 2018).

Auf der anderen Seite zeigen Studien wie die des Göttinger Instituts für Demokratieforschung, dass die deutsche Wirtschaft traditionell ein eher distanziertes Verhältnis zur Politik hat (vgl. Butzlaff 2015). So ist es eher selten, dass ein Unternehmer ein politisches Amt übernimmt oder sich parteipolitisch positioniert. Natürlich werden auch in Deutschland Parteien durch Spenden aus der Wirtschaft unterstützt, aber längst nicht in der Höhe und mit der medialen Aufmerksamkeit wie zum Beispiel in den USA.

Trotzdem hat sich in den letzten Jahren auch hierzulande etwas verändert. Um nur einige Beispiele zu nennen: Die Wahl Donald Trumps zum US-amerikanischen Präsidenten, der Brexit und die rechtspopulistischen Strömungen in Europa wurden von der Wirtschaft nicht stillschweigend zur Kenntnis genommen, sondern haben Anlass zu öffentlichen Verlautbarungen gegeben, wie die folgenden Beispiele zeigen.

Der Uhrenhersteller NOMOS Glashütte beschäftigt in Sachsen rund 250 Mitarbeiter. Bereits zur Bundestagswahl 2017 hatte sich die Geschäftsleitung angesichts der Wahlerfolge der Alternative für Deutschland (AfD) in einem offenen Brief an die Kunden gewandt. Darin heißt es:

> »Für uns gilt dies mehr denn je. Wir, Geschäftsführung und Mitarbeiter von NOMOS Glashütte, distanzieren uns ausdrücklich von jeglichem rassistischen Gedankengut. (...) Wir werden helfen, das Terrain für Freiheit und Demokratie zurückzugewinnen. Natürlich nur ein kleines Stückchen davon. Denn wir fertigen Uhren, wir sind nicht in der Politik. Doch im Rahmen unserer Möglichkeiten – im Unternehmen, vor Ort in Glashütte – werden wir auch weiterhin für Weltoffenheit, Toleranz und Pluralismus werben.« (Schwertner u. a. 2017)

Das Schreiben sorgte für Aufsehen, das Unternehmen war eines der ersten, das sich so explizit äußerte. Eine Erklärung für diese Positionierung war allerdings auch schnell gefunden: Das Unternehmen habe eben vor allem liberale Kunden aus aller Welt, die sich angesichts der in Sachsen starken rechtspopulistischen Bewegung »besorgt zeigen« (Baurmann 2018). Ereignisse wie die Ausschreitungen in Chemnitz im Jahr nach der Bundestagswahl, bei der Rechtsextremisten eine starke und medial breit rezipierte Rolle gespielt haben, »könnten dieses sympathische Image ankratzen« (vgl. ebd.). Also ein (verständlicher) Marketing-Schachzug? Selbst wenn dies so sein sollte, erfordert es mehr als Kalkül, in einem aufgeheizten Umfeld »Haltung (zu) beziehen, (...) ein Zeichen zu setzen« (ebd.), wie dies der Geschäftsführer von NOMOS, Uwe Ahrendt, fordert. Über öffentliche Verlautbarungen hinaus werden inzwischen Seminare für Mitarbeiter angeboten, um mit Vorurteilen und verbalen Übergriffen umzugehen. Dafür erntet das Unternehmen beileibe nicht nur Lob. Neben Anfeindungen aus dem rechten Lager heißt es dazu auch selbstkritisch aus der Geschäftsführung (ebd.): »Teils erlebe ich das auch im Unternehmen: Bei uns gibt es leider keine so rege Diskussionskultur. Wir müssen Mitarbeiter oft dazu auffordern, ihre Meinung zu sagen.« Im Unternehmen miteinander zu reden, wird hier also explizit als Aufgabe benannt. Das Beispiel hat Schule gemacht. Inzwischen haben sich in Sachsen 80 Unternehmen zu einem Wirtschaftsnetzwerk zusammengeschlossen, dem »Verein für ein weltoffenes Sachsen«, der unter anderem Fachgespräche und Kommunikationstrainings für Mitarbeiter aus Unternehmen anbietet.

NOMOS-Geschäftsführer Ahrendt bestätigt dabei eine allgemeine Annahme. Mittelständischen, inhabergeführten Unternehmen fällt es leichter, eine Haltung zu beziehen, weil diese von den Personen an der Unternehmensspitze authentisch und glaubwürdig vorgelebt werden kann. Aber was bedeutet dies für größere Unternehmen, gar für Konzerne, die von angestellten Managern geleitet werden, denen man per se ein höheres Interesse am Shareholder Value unterstellt? Um dem nachzugehen, hat die Autorin des vorliegenden Beitrags im Jahr 2018 eine Studie zum gesellschaftspolitischen Engagement von Unternehmen veröffentlicht. Führungskräfte aus Großkonzernen und ihre Berater wurden bezüglich einer gesellschaftlichen Unternehmensverantwortung sowie deren Kommunikation befragt. Der oben genannte Befund, dass sich die Spitzenvertreter von Unternehmen selten parteipolitisch positionieren, wurde bestätigt. Dennoch zeigt sich eine zunehmende Bereitschaft, gesellschaftspolitisch Stellung zu beziehen. Diese Erkenntnis wird auch durch Beispiele aus jüngerer Zeit gestützt:

Joe Kaeser twittert. Dass der CEO eines der größten deutschen Unternehmen, des Industriekonzerns Siemens, soziale Medien bedient, ist schon an und für sich immer noch eine Debatte wert (vgl. u. a. Tönjes 2018). Er (oder seine Berater) scheint(en) damit immerhin erkannt zu haben, dass es der CEO ist, der die Vision eines Unternehmens verkörpern und nach innen und außen kommunikativ vertreten sollte (vgl. ebd.). In 295 Tweets (Stand 7. März 2019) äußert sich Kaeser zu Innovationen aus dem Hause Siemens ebenso wie über die »transformation of business and society« (Kaeser 2019). Meistens werden seine Posts um die 200 Mal geliked, 100 Mal geteilt und fünf Mal kommentiert. Anders ist es am 16. Mai 2018, als Kaeser twittert:

> »Lieber ›Kopftuch-Mädel‹ als ›Bund deutscher Mädel‹. Frau Weidel schadet mit ihrem Nationalismus dem Ansehen unseres Landes in der Welt. Da, wo die Haupt-Quelle des deutschen Wohlstands liegt. #Bundestag #Bundesregierung #steffenseibert.«

Der Post war eine Reaktion auf eine Äußerung der AfD-Fraktionsvorsitzenden im Deutschen Bundestag. Er wurde 4.000 Mal geliked, über 1.000 Mal geteilt und 700 Mal kommentiert. Außerdem wurde darüber breit in den Medien berichtet, mit Überschriften wie: »Siemens-Chef greift AfD-Vorsitzende Weidel an« (ZEIT Online 2018) oder »›Kopftuch-Mädel‹-Kritik – Darf ein Dax-Chef so was sagen?« (Hegmann 2019). Auf die zahlreichen positiven wie negativen Kommentare reagierte Siemens mit einer gemeinsamen Erklärung von Vorstand, Gesamtbetriebsrat und leitenden Angestellten, in der man sich gegen Rassismus und Diskriminierung positionierte und für Respekt, Toleranz und Vielfalt aussprach. Von einigen Aktionärsvertretern wurde das gesellschaftspolitische Bekenntnis kritisch gesehen und bei der Hauptversammlung im Jahr 2019 gefordert, Kaeser nicht zu entlasten. Die größte Aktionärsvertretung DSW (Deutsche Schutzvereinigung für Wertpapierbesitz) wies jedoch in einem Statement darauf hin, dass ein Vorstand sich grundsätzlich frei politisch äußern könne und Kritik daran erst angebracht sei, wenn diese Äußerungen geschäftsschädigend seien (vgl. ebd.). Ob Aussagen wie die von Joe Kaeser dem Geschäft schädigen oder nutzen, lässt sich allerdings häufig erst nach längerer Zeit beurteilen, weil Auswirkungen beispielsweise auf Vertrauen und Reputation des Unternehmens langfristiger Natur sind. Auf der Siemens-Hauptversammlung 2019 begrüßten Investorenvertreter jedenfalls das Engagement von Kaeser. So wird Christoph Niesel, Fondsmanager der Union Investment, im Handelsblatt mit den Worten zitiert: »Dass Sie sich in gesellschaftspolitische Debatten einmischen, findet unsere vollste Unterstützung. (...) Einen Maulkorb für kritische Stimmen darf es nicht geben, weder in der Gesellschaft noch bei Siemens selbst.« (Höpner 2019)

Kaeser gilt damit als Vorreiter einer Entwicklung, die er selbst als »inklusiven Kapitalismus« bezeichnet. Im Sinne eines Stakeholder-Ansatzes geht es dabei nicht allein um das Wohl der Shareholder, also der Eigentümer und Aktionäre. Vielmehr müsse man auch die Belegschaft und die Gesellschaft stärker im Blick haben, wenn man zu den Besten einer Branche zählen wolle (vgl. Höpner u. a. 2019). Das Thema scheint dabei selbst US-amerikanischen Firmen und Investoren am Herzen zu liegen, die eher für einen kurzfristigen, Shareholder-getriebenen Geschäftsstil bekannt sind. So forderte der Chef des weltgrößten Vermögensverwalters Blackrock, Larry Fink, deutsche Spitzenmanager in einem Brief auf, langfristig und verantwortungsbewusst zu agieren (vgl. Landgraf 2019). Ohne Frage werden mit einem solchen Verhalten auch ökonomische Ziele verfolgt. Aber dass diese gerade nicht auf Kosten der Gesellschaft gehen sollen und dass sich die Wirtschaft offensiv zu demokratischen Werten bekennt, darf als ein hoffnungsvolles Signal gesehen werden.

In Deutschland hat Kaeser fehlenden Rückhalt für seine Position durch die Vorstände anderer Unternehmen beklagt. Bis dato sind es auch eher Einzelpersonen wie der Siemens-Chef, die sich gesellschaftspolitisch zu Wort melden und damit Debatten auslösen. Neben Kaeser ist vor allem Timotheus Höttges, CEO der Deutschen Telekom, mit gesellschaftspolitischen Äußerungen aufgefallen. Er nutzt öffentlichkeitswirksame Veranstaltungen wie die Digitalmarketing-Messe Dmexco, um vor rechtsradikalen Tendenzen zu warnen und Unternehmen aufzufordern, Verantwortung für die Entwicklung der Gesellschaft zu übernehmen. Höttges, der sich auch schon für ein bedingungsloses Grundeinkommen ausgesprochen hat, fordert, dass Unternehmen aus ihrem Unternehmenszweck heraus für gesellschaftlich relevante Themen eintreten. Laut der oben erwähnten Studie sind es vor allem Themen wie Digitalisierung, Umwelt und Klima, aber auch Vielfalt und Migration, die Unternehmen zu einer gesellschaftspolitischen Positionierung nutzen (vgl. Molthagen-Schnöring 2018). Zustimmung fand in den Interviews auch der Ansatz von Höttges, den Unternehmenszweck als Ausgangspunkt für jegliches Engagement zu nehmen. Nur so könne dieses Engagement auch glaubwürdig sein. Glaubwürdigkeit und Akzeptanz bei verschiedenen Anspruchsgruppen, so genannten Stakeholdern – angefangen von den eigenen Mitarbeitern über Kunden bis hin zu Investoren – wird zudem als Motiv wie auch als Ziel entsprechender Aktivitäten genannt. Diese Gruppen seien anspruchsvoll und hinterfragten die Aktivitäten der Unternehmen. So berichtete ein Interviewpartner, er könne wohl kaum Vielfalt als prioritäres Unternehmensthema kommunizieren, wenn es kaum weibliche Führungskräfte gebe. Von einem anderen Interviewpartner hieß es dagegen, Vielfalt sei aufgrund der heterogenen Mitarbeiterschaft so selbstverständlich, dass dies gar nicht mehr betont werden müsse – es sei denn, die politische und gesellschaftliche Akzeptanz dieser Vielfalt sei in Gefahr.

Diese Gefahr erkennen Manager wie Hiltrud Werner, die in der Volkswagen AG das Ressort »Recht und Integrität« leitet. Sie zeigt sich in einem Interview mit der Frankfurter Allgemeinen Sonntagzeitung besorgt angesichts des Erstarkens populistischer Parteien in den ostdeutschen Bundesländern und ihrem Einfluss auf die Betriebe (vgl. FAZ.NET 2019). Politik und Wirtschaft spielten dem Populismus in die Hand, wenn sie nicht die Sorgen und Nöte der Menschen ernst nähmen. Die Formulierung »Ängste ernst nehmen« ist mittlerweile in die Kritik geraten, weil sie in der Regel einseitig auf Sorgen vor Einwanderern und Geflüchteten bezogen wird und weniger die Ängste von Deutschen mit Einwanderungsgeschichte vor Diskriminierung oder sogar Angriffen thematisiert. In diesem Zusammenhang ist Werners Mahnung aber relevant als ein

Plädoyer, mehr zuzuhören. Dies ist ungewöhnlich für ein Unternehmen oder eine Führungskraft in einem Konzern, der ans Senden gewöhnt ist. Und das Zuhören fällt keinesfalls leicht, da man sich auch viel Unerfreuliches anhören muss.

Denn mit Kritik muss rechnen, wer Position bezieht und sich in Debatten einmischt. Das erfahren auch die Unternehmen, die sich im Rahmen größerer Marketingaktionen mit gesellschaftspolitischen Themen auseinandersetzen. Die Kritik von Starbucks am vom US-amerikanischen Präsidenten geforderten Mauerbau an der mexikanischen Grenze hat schon zu Kaffee-Boykotten geführt. Erboste Nike-Kunden haben Trainingshosen verbrannt, als sich das Unternehmen mit Colin Kaepernick solidarisiert hat, dem Footballer, der zum Zeichen des Protests gegen die Gewalt an der afro-amerikanischen Bevölkerung in den USA während der Nationalhymne kniete und den seitdem kein Team mehr verpflichten will. Die Beispiele haben weit über die USA hinaus Kreise gezogen, so wurde der Nike-Spot, in dem Kaepernick auftrat, über 28 Millionen Mal auf YouTube geklickt (Stand: 8. März 2019). Demgegenüber wurde ein Werbespot mit dem Titel #Vielfalt von der deutschen Handelskette Edeka »nur« 188.000 Mal (Stand: 8. März 2019) aufgerufen, was für Deutschland durchaus ein beachtlicher Wert ist. Edeka ließ im Sommer 2017 in einem Hamburger Supermarkt alle ausländischen Produkte aus den Regalen entfernen und filmte die Kundenreaktionen. Die Botschaft lautet: Ohne Vielfalt gäbe es keine Auswahl, gäbe es keinen Handel. Damit passt die Aktion zum Unternehmen, das auch in seinem offiziellen Statement Vielfalt als zentralen Unternehmenswert benennt. Zumindest an dem Aktionswochenende war Edeka mit dem Hashtag #Vielfalt Top-Thema in den sozialen Medien. Es mangelte nicht an zustimmenden Kommentaren, aber es gab auch Statements wie: »Ich habe es nicht nötig, mich von einer Supermarktkette politisch belehren zu lassen. Tschüß Edeka.« – ein noch harmloses Beispiel in Bezug auf Tonalität und Inhalt.

Zum einen ist es ein noch junger, aber erkennbarer Trend, dass sich Unternehmen gesellschaftspolitisch äußern. So titelte das

Wirtschaftsmagazin »brand eins« im Februar 2019 »Wir sind die Guten« und widmete ein ganzes Heft dem »Gutfirmentum«, wie es im Editorial hieß. Zum anderen ernten die Unternehmen harte, zuweilen beleidigende Kritik. Vor allem aber haben Menschen ein sehr genaues Gespür dafür, ob ein Unternehmen nur das Wort erhebt, um im Chor der »Guten« mitzumachen oder ob es sich um ein glaubwürdiges Engagement handelt, das zum Unternehmen, seinen Werten und – entscheidend – seinen Taten passt. Selbstkritisch gestehen mittlerweile auch Werbetreibende wie der Creative Director der Werbeagentur Reinsclassen, Kai Schmelze, ein, dass »das Gute ein Glaubwürdigkeitsproblem (hat) – weil es sich dabei oft um eine reine Fassade handelt« (brand eins 2019, S. 47). Im Bereich des CSR-Engagements (Corporate Social Responsibility) von Unternehmen ist in diesem Zusammenhang der Begriff des »Greenwashing« entstanden: Unternehmen »waschen« sich rein oder besser gesagt »grün«, indem sie sich ökologisch-nachhaltig darstellen, meinen es aber nicht wirklich ernst und/oder lenken damit sogar von den eigentlichen Problemen im Unternehmen ab.

Eine schöne Geschichte zu erzählen, reicht also nicht (mehr) aus in einer Welt kritischer Konsumenten. Vielmehr sind dialogische, partizipative Ansätze gefragt, bei denen die Stakeholder mitreden und mitmachen können. Wie diese aussehen können, zeigt das nächste Teilkapitel.

Konzepte für eine gelingende Kommunikation

Mit einer einseitigen Anzeige in der Süddeutschen Zeitung vom 16./17. März 2019 warb der Fleischhersteller Rügenwalder Mühle für innovative Produkte, zum Beispiel Fleisch aus proteinreichen Pflanzen zum Schutz des Klimas. Am unteren Rand der Anzeige fordern die Geschäftsführer des Unternehmens, die auf einem Foto neben dem Text abgebildet sind, die Leser auf: »Lassen Sie uns darüber reden!« Weiter heißt es:

> »Was können vegetarische und vegane Fleischalternativen für den Klimaschutz tun? Bei unserer Talkrunde im vergangenen November haben wir zugehört und gesehen: Dieses Thema bewegt Sie und uns gleichermaßen. Daher möchten wir den Dialog mit Ihnen fortsetzen. Diskutieren Sie mit uns persönlich am 24.05.2019 in Berlin.« (Süddeutsche Zeitung vom 16./17. März 2019, S. 7)

Eine klare Fragestellung, die aus Zuhören und Reflexion des Gehörten entstanden ist und Anlass zu weiterem Dialog gibt – besser kann man gute Kommunikation nicht umsetzen. Denn es ist das eine, Botschaften marketingtauglich zu verpacken – was Rügenwalder Mühle in der Anzeige auch tut – und das andere, die Anspruchsgruppen in einem diskursiven Prozess zu beteiligen, wie es in der Anzeige angekündigt wird. Viele Erfahrungen mit sogenannten Bürgerdialogen in Politik und Wirtschaft haben gezeigt, dass auch dieses Instrument kein Allheilmittel ist. Dies gilt erst recht, wenn Entscheidungen schon getroffen wurden und Bürger pseudo-beteiligt werden. Dennoch kann man von solchen Verfahren lernen, dass Kommunikation keine kurzfristige Angelegenheit ist, sondern es Zeit und die Bereitschaft zum Zuhören braucht, um wirklich ins Gespräch zu kommen und beidseitig Vertrauen aufzubauen. Dies ist auch eine Prämisse von Corporate Listening.

Corporate Listening

Das Konzept des Corporate Listening stammt aus der Unternehmens-, insbesondere der Beratungspraxis, wurde inzwischen aber auch wissenschaftlich fundiert (vgl. Borner/Zerfaß 2018). Häufig wird Corporate Listening dabei den Kompetenzen einer erfolgreichen Führungskraft zugeordnet, nach dem Motto: »Effective listening is one of the most important skills a strong leader can have« (Davis 2013).

Dabei ist Zuhören nicht nur auf individuelle Fertigkeiten zu beschränken, sondern kann als Grundbedingung einer erfolgreichen

Organisation verstanden werden, insofern Unternehmen Impulse der Umwelt aufnehmen müssen, um geschäftlich erfolgreich zu sein (vgl. Borner/Zerfaß 2018, S. 9). Dafür stehen verschiedene Instrumente zur Verfügung, wie zum Beispiel das Issue Management, ein strukturierter Prozess, bei dem Themen und Trends aus dem Umfeld einer Organisation identifiziert, priorisiert und über einen längeren Zeitraum hinweg beobachtet werden. Dadurch soll die Organisation in die Lage versetzt werden, bei Bedarf schnell auf Veränderungen der Umwelt zu reagieren und/oder die kommunikative Hoheit über ein Thema zu gewinnen. Dies setzt voraus, dass zugehört wird, und zwar im Sinne des englischen Worts »listening«: Im Gegensatz zum »hearing« als rein physiologischem Prozess der Aufnahme von Signalen beschreibt »listening« Zuhören als intentionalen, selektiven Prozess, in den neben der Wahrnehmung auch immer schon die Interpretation des Gehörten eingeht (vgl. ebd., S. 11). Weder Personen noch Organisationen hören also in einem Vakuum zu, sondern sind geprägt von ihrem Wissen, ihren Erfahrungen, der Situation und vielem mehr.

Aber was macht eine Organisation zu einem guten Zuhörer? Emilio Galli-Zugaro hat seine Erfahrungen als Kommunikationschef eines großen deutschen Konzerns und als Kommunikationsberater unter anderem in dem Buch »The Listening Leader – How to drive performance by communicative leadership« zusammengefasst.[1] Er sieht besonders die Unternehmensspitze in der Verantwortung, weil sie den Transmissionsriemen in die Organisation hinein bilde. Weiterhin könne das Konzept nur dann erfolgreich sein, wenn es alle Stakeholder (also Eigentümer, Kunden, Mitarbeiter und das gesellschaftliche Umfeld des Unternehmens) integriere. Das bedeute, dass Listening nicht an die Funktion der Unternehmenskommunikation ausgelagert werde dürfe, die gleichwohl als eine Art Resonanzboden für die Ansprüche der verschiedenen

---

1 Die folgenden Ausführungen beruhen auf einem Interview, das die Autorin des Artikels mit Emilio Galli-Zugaro geführt hat.

Stakeholder fungieren könne. Aber in einer Organisation, die Zuhören ernst nehme und nicht nur als PR-Phrase nutze, müssten verschiedene Bereiche, vom Risikomanagement bis zum Marketing, in den Prozess integriert werden. Nur so könne Konsistenz erzeugt werden und die Empathie wachsen. Galli-Zugaro warnt davor, Listening als ein Kontrollinstrument zu verstehen, durch das man jede Entwicklung antizipieren und mit einfachen Rezepten im Griff haben kann: »Der Zuhörprozess muss ein echter sein und darf keine billigen Antworten haben.« In diesem Prozess könnten sich auch schon einmal Positionen ändern – auf Seiten der Organisation wie auch ihrer Anspruchsgruppe. Wichtig sei jedoch, den Anliegen stets mit einer Haltung zu begegnen, die als stimmig und sinnhaft wahrgenommen werde.

Ein Unternehmen, das dieses Prinzip lebt, ist die Drogeriemarktkette »dm«. Gründer und Aufsichtsratschef Götz Werner hat sich und sein Unternehmen der »Dialogischen Führung« verpflichtet. Diesen Führungsansatz entwickelte in den 90er-Jahren das Friedrich von Hardenberg Institut für Kulturwissenschaften in Heidelberg. Werner fasst ihn in einem Interview folgendermaßen zusammen:

> »Das bedeutet, dass man sich mit jedem Mitarbeiter auf Augenhöhe bewegt und man in den menschlichen Beziehungen keine Hierarchien kennt. Alle unsere Mitarbeiter sollen sich bemühen, miteinander so ins Gespräch zu kommen, dass sie sich gegenseitig verstehen und respektieren. Ein Lehrling soll dabei nicht anders behandelt werden als ein Kollege aus der Geschäftsleitung. Es geht um den Dialog und nicht darum, gehorsam Befehle auszuführen. Wir wollen, dass unsere Kollegen Dinge ausführen, weil sie einsehen, dass es vernünftig ist, und nicht, weil ihnen gesagt wurde, dass sie sie ausführen sollen.« (Karriereführer 2019)

Wenn in einem Unternehmen auf diese Art eine dialogische Unternehmenskultur wächst, ist es kein Wunder, dass das Unternehmen auch von außen als verantwortungsbewusst wahrgenommen wird. So äußerten in einer Umfrage, die allerdings vom Unternehmen selbst in Auftrag gegeben wurde, 92 Prozent der befragten Kunden, dass das soziale Engagement von dm zum Unternehmen passe und 88 Prozent empfinden die gesellschaftlichen Aktivitäten von dm als glaubwürdig (vgl. Mein dm 2019).

Storydoing

Niemand, der mit Kommunikation zu tun hat, dürfte in den letzten Jahren am Konzept des Storytelling vorbeigekommen sein. Das Erzählen von Geschichten dient dabei nicht nur Individuen dazu, »die Welt und ihr Inneres mittels Erzählungen« (Vaih-Baur 2018, S. 185) zu erschließen. Auch Organisationen nutzen Storytelling, um Botschaften zu setzen sowie ihre Identität und Reputation zu stärken (vgl. ebd., S. 187). Die in diesem Artikel bereits erwähnten Beispiele von Nike und Edeka zeigen, worauf es bei einer guten Story ankommt: Sie hat üblicherweise einen Helden, der im Mittelpunkt der Geschichte steht; Ereignisse entwickeln sich in Form einer Handlung; der Ort der Geschichte vermittelt eine bestimmte Atmosphäre und die Zeit dient zur Einordung der Geschichte sowie zum Spannungsaufbau. In den beiden genannten Beispielen hätte die Botschaft – ein Unternehmen engagiert sich für Vielfalt – sicherlich auch direkt vermittelt werden können, wie es beispielsweise bei der Kampagne »Made in Germany – Made by Vielfalt« der Fall ist, die 2019 von 50 mittelständischen Unternehmen initiiert wurde. Der Vorteil einer Geschichte ist jedoch, dass beim Rezipienten rationale und emotionale Prozesse ausgelöst werden und sich die Inhalte besonders gut im Gedächtnis verankern.

Neben diesen Vorteilen wird häufig davon ausgegangen, dass die Kommunikation mittels Storytelling als positiver wahrgenommen wird als reine Werbung (vgl. ebd., S. 213). Jedoch gilt es auch hierbei zu beachten, dass das Erzählen von schönen Geschichten instrumentalisiert werden kann, um beispielsweise von realen negativen Gegebenheiten im Unternehmen abzulenken. Darüber hinaus ist das Modell eher Sender-zentriert und enthält eine höchstens implizite Einladung zum Dialog. Aus dieser Kritik heraus wurde das Konzept des Storydoing entwickelt. Bei diesem partizipativen Ansatz wird die Geschichte nicht vom Unternehmen vorgeschrieben. Stattdessen werden die Menschen innerhalb und außerhalb der Organisation involviert und teilen die Erfahrungen und Erlebnisse, die sie mit der Organisation und ihrem Angebot machen. Das setzt bezogen auf das Thema der gesellschaftspolitischen Positionierung von Unternehmen voraus, dass Werte wie Vielfalt, Offenheit und Akzeptanz nicht nur propagiert werden, sondern im Handeln der Organisationsmitglieder sichtbar und erlebbar werden. Allzu häufig lautet die berechtigte Kritik, dass zwar ein kommunikatives Bekenntnis zu einem bestimmten Verhalten, beispielsweise in Form von Leitbildern, erfolgt, die Verantwortlichen im Unternehmen im Falle eines entsprechenden Verhaltens aber ausweichen oder dieses sogar sanktionieren. Dies frustriert und demotiviert insbesondere die eigenen Mitarbeiter, vor allem, wenn mit ihnen kein Dialog erfolgt oder sie sogar als »Whistleblower« an den Pranger gestellt werden.

Für Mirko Kaminski, Gründer und Inhaber der Agentur »achtung!«, ist Storydoing eine Möglichkeit zu zeigen, dass Unternehmen und Marken »hochgradig wirkungsvoll« (Kaminski 2016) sein können. Der renommierte PR-Profi rät (ebd.):

»Beim Storydoing müssen zwei Dinge klug miteinander verbunden werden: die Kompetenz der Marke mit einem starken Human oder Social Insight. Es kann zum Beispiel darum gehen, ein existierendes Gesellschaftsthema zu benennen, dazu eine Diskussion zu entfachen und als Marke vielleicht sogar einen Lösungsbeitrag zu stiften, mindestens aber einen Denkanstoss [sic].«

Ein Beispiel ist die Marke »Always«, die mit der Kampagne #Like-AGirl eine Debatte um das Selbstbewusstsein von Mädchen und jungen Frauen angestoßen hat. In einem Spot, der unter anderem zur Prime Time vor dem Super Bowl gezeigt wurde, werden Frauen und Männer befragt, was es heißt, wie ein Mädchen zu laufen oder zu werfen. Die zum Ausdruck gebrachten Stereotype werden dann mit dem realen, selbstbewussten Verhalten von jungen Mädchen kontrastiert, die eben jene Handlungen ausführen. Auf diese Art und Weise wird deutlich, dass Frauen im Laufe ihres Lebens bestimmte negative Konnotationen internalisieren, obwohl das natürliche Verhalten ein ganz anderes ist.

Natürlich lassen sich deren Inhalte nicht vom Sender der Kommunikation trennen und ein ökonomisches Interesse darf nicht nur »unterstellt«, sondern muss angenommen werden. Aber ist es nicht positiv und zutiefst demokratisch, wenn sich in einer Gesellschaft verschiedene Akteure zu Wort melden und Haltung zu Fragen beziehen, die uns alle angehen (sollten)?

Zusammenfassende Empfehlungen

Entwicklungen wie der Klimawandel oder der in Europa erstarkende Rechtspopulismus erschüttern die Gesellschaft. Unternehmen sind davon direkt betroffen: als Anbieter von Waren und Dienstleistungen, als Arbeitgeber, als Teil ihres regionalen Umfelds, als Corporate Citizen innerhalb der staatlichen Ordnung. Dass sie sich entsprechend einbringen und einmischen, liegt in ihrem ureigenen Interesse, kann aber darüber hinaus auch der Gesellschaft insgesamt zugutekommen. In diesem Kapitel wurde analysiert, wann und wie sich Unternehmen gesellschaftspolitisch zu Wort melden und den Titel dieses Buches »Lasst uns reden« in die Tat umsetzen. Zusammenfassend lassen sich folgende Bedingungen festhalten, die die Erfolgsaussichten dieser Kommunikationsaktivitäten erhöhen:

1. **Bezug zum Unternehmenszweck und/oder zur Unternehmenskultur**
   Unternehmen äußern sich zu Themen, die mit ihren Produkten und/oder mit den im Unternehmen gelebten Werten in Verbindung stehen: Der Einsatz für Diversität ist glaubhaft, wenn das Unternehmen selbst eine vielfältige Mitarbeiterschaft hat. Ein Fleischhersteller könnte zum Gespräch über Klimaschutz im Verhältnis zu Tierhaltung und vegetarischen Produktalternativen einladen.

2. **Keine Angst vor dem Vorwurf des Greenwashing**
   Der Vorwurf, das Engagement des Unternehmens diene nur der Absatzsteigerung der eigenen Produkte, wird sicherlich von jemandem erhoben. Unternehmen sollten diesem Vorwurf offensiv begegnen; es schließt einander nicht aus, sich gesellschaftspolitisch zu äußern und damit ein kommerzielles Interesse zu verbinden. Ein rein selbstloses Engagement wird von anderen Akteuren wie Parteien (Ziel: Wählerstimmen) oder NPO (Ziel: Einfluss und Spendengelder) auch nicht erwartet.

3. **Souveräner Umgang mit Lob und Kritik**
   Kein Unternehmen sollte erwarten, für sein gesellschaftspolitisches Engagement ausschließlich Lob zu ernten. Nicht nur der organisierte Rechtspopulismus mit seiner Affinität zu Social-Media- Kommunikation, sondern auch einige der vielzitierten »ganz normalen« Bürger werden sich kritisch äußern, wenn sich ein Unternehmen beziehungsweise deren führende Repräsentanten gesellschaftspolitisch äußern. Und wie das oben ausgeführte Beispiel von Joe Kaesers Twitter-Engagement zeigt, wird auch die Schwelle zu Beleidigung und Bedrohung überschritten. Auf der anderen Seite gibt es aber auch Lob von Stakeholdern wie auch von den eigenen oder potentiellen Mitarbeitern.

4. Wer Dialog verspricht, muss ihn auch führen
   Für Unternehmen, die es bislang vor allem gewohnt sind, Botschaften zu senden, kann der Dialog mit Bürgern oder anderen Stakeholdern eine ungewohnte Erfahrung bedeuten. Von zentraler Bedeutung ist, nach einer Ankündigung von Dialog auch tatsächlich zuzuhören und Offenheit für die Sichtweise der Dialogpartner nicht nur zu behaupten, sondern auch für den Gesprächspartner erkennbar umzusetzen. Nichts wirkt destruktiver als Pseudopartizipation, bei der man zum Gespräch einlädt, am Ende aber nichts herauskommt.

5. Integration von Reden und Handeln
   Dies ist eine allgemein bekannte kommunikationswissenschaftliche Binsenweisheit, die aber nicht überall angewandt wird. Wenn sich ein Unternehmen kommunikativ positioniert, muss das eigene Handeln damit in Einklang stehen. Das gilt nach außen gegenüber den Kunden, aber auch nach innen gegenüber den Mitarbeitern – was in der Praxis oft vergessen wird. Erschwert wird diese Aufgabe dadurch, dass niemand die öffentliche Wirkung des eigenen Handelns steuern kann. Somit kann auch gut gemeintes Handeln medial anders interpretiert werden.

6. Unterstützung einholen
   Macht sich ein Unternehmen auf den Weg, gesellschaftspolitisch zu kommunizieren, muss es das Rad nicht neu erfinden. Wie das Beispiel des Uhrenherstellers NOMOS gezeigt hat, kann man auf Beratungsstrukturen zurückgreifen und externe Expertise einbinden. Auch im Kommunikationsbereich gibt es Dienstleister, die das Unternehmen kompetent begleiten können.

7. Schweigen ist schwierig
   Wir leben in Zeiten des Wandels und der polarisierten Meinungen. Langfristige Trends wie die Digitalisierung oder der

Klimawandel sorgen für Veränderungen im alltäglichen Leben der Menschen sowie im unternehmerischen Handeln. Zugleich gibt es mit dem autoritären Kapitalismus chinesischer oder (abgeschwächt) russischer Prägung erstmals seit Gründung der Bundesrepublik eine Systemalternative zur freiheitlich-demokratischen Grundordnung, die auch Menschen in Deutschland für alternativ halten. Und drittens besteht eine polarisierte Meinungslandschaft, in der Äußerungen sowohl in den klassischen als auch in den sozialen Medien gerne skandalisiert werden. In diesem kommunikativen Umfeld ist es nahezu unmöglich sich nicht zu positionieren, da im Zweifelsfall auch das Schweigen eines Akteurs als Kommentar zu einem Ereignis gedeutet wird. Umso besser ist es, wenn Unternehmen selbst und aktiv die gesellschaftspolitische Debatte suchen und führen. Denn für den gesellschaftlichen Frieden müssen wir miteinander reden – auch in der Wirtschaft.

Quellen

Baurmann, Jana Gioia (2018): Gegen den Uhrzeigersinn. https://www.zeit.de/2018/39/nomos-glashuette-uhrenhersteller-diskussionskultur-mitarbeiter-rassismus. Zugegriffen: 6. März 2019.

Borner, Maria; Zerfaß, Ansgar (2018): The Power of Listening in Corporate Communications: Theoretical Foundations of Corporate Listening as a Strategic Mode of Communication. In: Bowman, Sarah; Crookes, Adrian; Ihlen, Øyvind; Romenti, Stefania (Hrsg.): Public Relations and the Power of Creativity (Advances in Public Relations and Communication Management, Volume 3) Emerald Publishing Limited, S. 3-22.

Butzlaff, Felix (2015): »In der Firma zählt der Mensch.« – Familienunternehmer und Manager als zwei Pole zeitgenössischer Unternehmerpersönlichkeiten. In: Walter, Franz; Marg, Stine (Hrsg.): Sprachlose Elite? Wie Unternehmer Politik und Gesellschaft sehen. Hamburg: Rowohlt, S. 69–101.

Davis, Julie Bawden (2013): 5 Ways To Master The Art of Listening. https://www.americanexpress.com/en-us/business/trends-and-insights/articles/5-ways-to-master-the-art-of-listening/. Zugegriffen 18. März 2019.

FAZ.NET (2019): VW-Vorstand warnt vor AfD in Ostdeutschland. https://www.faz.net/aktuell/wirtschaft/vw-vorstand-hiltrud-werner-warnt-vor-afd-in-ostdeutschland-16068894.html. Zugegriffen 7. März 2019.

Hegmann, Gerhard (2019): »Kopftuch-Mädel«-Kritik – Darf ein Dax-Chef so was sagen? https://www.welt.de/wirtschaft/article187183790/Joe-Kaeser-Aktionaere-sollen-ueber-AfD-Kritik-des-Siemens-Chefs-abstimmen.html. Zugegriffen: 7. März 2019.

Höpner, Axel (2019): Streit um politische Aussagen: Investoren stärken Joe Kaeser den Rücken. https://www.handelsblatt.com/unternehmen/industrie/siemens-hauptversammlung-streit-um-politische-aussagen-investoren-staerken-joe-kaeser-den-ruecken/23927468.html. Zugegriffen: 7. März 2019.

Höpner, Axel; Rexer, Andrea; Afhüpffe, Sven (2019): Siemens-Chef Kaeser fordert neuen Kapitalismus: »Arm und Reich zu sehr voneinander entfernt«. https://www.handelsblatt.com/unternehmen/industrie/interview-siemens-chef-kaeser-fordert-neuen-kapitalismus-arm-und-reich-zu-sehr-voneinander-entfernt/23918240.html. Zugegriffen: 7. März 2019.

Kaeser, Joe (2019): JoeKaeser@Twitter. https://twitter.com/JoeKaeser. Zugegriffen: 7. März 2019.

Kaminski, Mirko (2016): Vom Storytelling zum Storydoing: Marken sollten machen. https://www.gutkommuniziert.ch/2016/02/28/vom-storytelling-zum-storydoing-marken-sollten-machen/. Zugegriffen: 7. April 2019.

Karriereführer (2019): Interview mit Götz W. Werner. https://www.karrierefuehrer.de/prominente/interview-goetz-werner.html. Zugegriffen: 2. April 2019.

Koch, Thomas (2018): Nie war die Botschaft so wertlos wie heute. https://www.wiwo.de/unternehmen/dienstleister/werbesprech-nie-war-die-botschaft-so-wertlos-wie-heute/23163046.html. Zugegriffen: 3. März 2019.

Labigne, Anaël; Gilroy, Patrick; Kononykhina, Olga; Hollmann, Detlef; Schilcher, Christian; Riess, Birgit (2018): Bessere Daten für besseres Unternehmensengagement. Essen: Edition Stifterverband.

Landgraf, Robert (2019): Mit seinem mahnenden Brief geht Blackrock-Chef Fink den richtigen Weg. https://www.handelsblatt.com/meinung/kommentare/kommentar-mit-seinem-mahnenden-brief-geht-blackrock-chef-fink-den-richtigen-weg/23877166.html. Zugegriffen: 7. März 2019.

Mein dm (2019): Hand in Hand für die gute Sache. https://www.meindm.at/unserdm/beitrag/Kunden-schaetzen-soziales-Engagement-von-dm-dm-Online-Shop/. Zugegriffen: 2. April 2019.

Molthagen-Schnöring. Stefanie (2018): Gesellschaftspolitisches Engagement von Unternehmen in Zeiten von Trump & Co. Wiesbaden: Springer.

Schwertner, Roland; Ahrendt, Uwe; Borowski, Judith (2017): Offener Brief. https://nomos-glashuette.com/media/pdf/3f/8a/6f/Offener_Brief_Bundestagswahl_2017_AfD.pdf Zugegriffen: 6. März 2019.

Tönjes, Stephanie (2018): Warum der CEO Social Media nutzen sollte. https://www.prreport.de/singlenews/uid-885401/warum-der-ceo-social-media-nutzen-sollte/. Zugegriffen: 7. März 2019.

Vaih-Baur, Christina (2018): Storytelling als Textmuster auf dem Weg zur Etablierung. In: Femers-Koch, Susanne; Molthagen-Schnöring, Stefanie: Textspiele in der Wirtschaftskommunikation. Wiesbaden: Springer, S. 185-216.

ZEIT Online (2018): Siemens-Chef greift AfD-Vorsitzende Weidel an. https://www.zeit.de/wirtschaft/2018-05/joe-kaeser-vorwurf-alice-weidel-schaedigung-ruf-deutschland. Zugegriffen: 7. März 2019.

»IN DER KUNST GEHT ES DARUM SPANNUNGEN ZU GESTALTEN« – INTERVIEW ÜBER DIALOGE IM KULTURBETRIEB MIT ULRICH KHUON

Ulrich Khuons Theaterarbeit begann 1980 als Chefdramaturg und ab 1988 als Intendant am Stadttheater Konstanz. Von 1993 bis 1997 war er Intendant des Staatstheaters Hannover, von 2000 bis 2009 des Thalia Theaters in Hamburg. Seit September 2009 leitet Ulrich Khuon das Deutsche Theater Berlin. Zu seinen zahlreichen Ehrenämtern gehört u. a. die Mitgliedschaft in der Deutschen Akademie der Darstellenden Künste und seit 2017 die Präsidentschaft des Deutschen Bühnenvereins.

Herr Khuon, Sie sind Intendant des Deutschen Theaters in Berlin. Auf der Homepage des Deutschen Theaters sagen Sie, dass das Deutsche Theater ein »Ort gemeinsamen Nachdenkens« ist. Wie setzen Sie diesen Anspruch in die Praxis um?

Ulrich Khuon: Grundsätzlich glaube ich, dass das Theater immer etwas in Gang setzen muss. Wenn man keine Lust auf das Weiterdenken hat, dann greift es zu kurz. Theater muss produktiv beschäftigen und zum Dialog herausfordern. Denkt man über Dialoge und Dialogfähigkeit nach, stellt sich die Frage: Wie schnell muss Gegenseitigkeit hergestellt werden? Nach meiner Erfahrung ist es gut, erst einmal einen Input zu bekommen und nicht sofort in einen Diskurs verwickelt zu werden. Genau das bietet das Theater. Es kann Abstand gewähren, indem es dem Zuschauer erst einmal etwas anbietet – eine Lesart eines Themas bzw. unserer Gegenwart. Der Zuschauer kann dadurch einen Abstand auch zu sich selbst herstellen und gewissermaßen aus diesem sicheren Abstand heraus auf eine Frage blicken – und dann ins Gespräch kommen.

Die nächste Frage lautet: Wer redet und über wen? Das ist eine schier endlose Diskussion. Wer darf überhaupt über wen reden? Wer repräsentiert eine Person, eine spezifische Erfahrung, eine Sichtweise auf die Gegenwart? Darf vielleicht am Ende jeder nur über sich selbst reden? Dieser Deutung widerspreche ich entschieden: Aufgrund von Informationen, Empathie, Einfühlung usw. ist es durchaus auch möglich, sich in andere Situationen und Deutungen hineinzuversetzen. Das gehört zum Wesen der Schauspielkunst und genau das ermöglicht dem Theater, nicht nur über die eigene Erfahrung zu reden.

Natürlich wird im Theater zunächst einmal »gesendet«. Von der Bühne wird in den Zuschauerraum hinein gesprochen. Diese Einbahnstraße muss erweitert werden – und zwar auf verschiedenen Ebenen: Die erste Ebene ist der Dialog zwischen den Zuschauern; es sitzen immer viele in einem Theaterraum und sie können sich untereinander austauschen. Dafür schaffen Theater auch zunehmend Räume: Sei es eine Bar, ein Restaurant, der Vorplatz des Theaters usw. An diesen Orten ist der lockere Austausch über das Gesehene möglich. Darüber hinaus gibt es aber auch andere Wege, um einen Dialog herzustellen: Vorträge, Einführungen oder Nachgespräche zu einer Inszenierung mit dem Ensemble und/oder mit dem Regisseur. Selbst bei kurzen Einführungen zu einem Stück ereignet sich ja schon eine erste diskursive Kontaktaufnahme. Daneben kann es thematische Frühstücke oder abendliche Tischgespräche geben, die den Vorteil bieten, in kleiner Runde diskutieren zu können, so dass der Einzelne ermuntert und ermutigt ist, sich selber zu äußern ohne im Zuschauerraum vor 600 oder mehr Menschen seine Meinung kundtun zu müssen. Sie sehen, es gibt viele Dialogmöglichkeiten am Theater, und ich habe noch nicht einmal alle genannt, die es an meinem Haus, dem Deutschen Theater in Berlin gibt: Man könnte noch über partizipative Formate wie Fishbowl oder World Café sprechen, die uns ermöglichen Themen aufzugreifen und im Dialog mit unseren Theaterbesuchern weiter zu entwickeln.

Kann man sagen, dass diese Dialogangebote an Theatern quantitativ betrachtet zugenommen haben?

UK: Sie sind auf jeden Fall ausdifferenzierter geworden, auch raffinierter, wenn man so will. Diese Öffnung über die reine Inszenierung eines Theaterstücks hinaus, die Möglichkeiten, mit dem Zuschauer im Theatergebäude oder auch mit einem potenziellen Zuschauer an einem anderen Ort ins Gespräch zu kommen, haben sicherlich an Deutschlands Bühnen zugenommen. Im Zuge des gesellschaftlichen Wandels, den wir mit der Jahreszahl 1968 verbinden, hat sich da seit langer Zeit eine Menge entwickelt.

Daneben gibt es aber auch einen dialogischen Ansatz, der schon bei der Entwicklung einer Produktion ansetzt. Viele Theatermacher stellen sich die Frage, wie man die Bürger in das Produkt Theater einbeziehen kann. Es gibt eine sehr lange Geschichte der Partizipation von Schülern und Jugendlichen am Theater. Und doch hat sich in den vergangenen Jahren etwas verändert. Früher war das eher ein Angebot von Lehrer- oder Schülerworkshops zu einem bestimmten Stück oder einer bestimmten Art der Inszenierung. Das hat sich in den letzten zehn Jahren sehr verändert. Heute entwickeln Jugendliche an großen Theatern selbst Stücke. Sie verfassen sie und arbeiten an ihrer dramaturgischen Gestaltung mit und das Ergebnis wird dann auf der Hauptbühne gezeigt. Und mit der »Bürgerbühne« werden Erfahrungen aus dem Jugendtheater mittlerweile auch auf Erwachsene übertragen. Im Ergebnis kann heute jede und jeder an vielen Orten in Staatstheatern aktiv am Programm und an deren Arbeit auf der großen Bühne mitgestalten. Das ist höchst dialogisch und sehr demokratisch.

Spannend, wie viele Dialogmöglichkeiten am Theater Sie aufzeigen. Das führt aber zu der Frage, wen man durch solche Angebote eigent-

lich erreicht. Anders gefragt: Werden durch die Ausweitung der Dialogangebote auch tatsächlich mehr verschiedene Menschen erreicht oder kommen am Ende des Tages immer die gleichen interessierten Zielgruppen?

UK: Wenn man gezielt bestimmte Zielgruppen anspricht, zum Beispiel Jugendliche, entsteht wirklich etwas Neues. Dann eröffnet sich ein paradigmatisch neuer Bereich. Erreicht man Jugendliche, nehmen sie ein Haus auch tatsächlich in Besitz und gestalten es mit. Es wird zu ihrem Haus – eine wunderbare, aber bisweilen auch herausfordernde Erfahrung für alle Mitarbeiterinnen und Mitarbeiter.

Theater für alle ist aber auch eine Utopie. Das hat wiederum auch mit den Botschaften zu tun: Wie komplex sind sie? Wie viel Voraussetzungen haben sie? Wen schließt unsere Sprache, unsere Themen und unsere Herangehensweise an ein Thema aus? Kunst geht manchmal lange Wege und verwendet oft eine komplexere Sprache. Das heißt aber nicht automatisch, dass sie elitär ist. Aber sie ist bisweilen voraussetzungsreich und man muss über die Hürden nachdenken. Diese dürfen nicht zu hoch sein, denn schließlich sind Theater als öffentliche Orte für alle Menschen da. Dass ein Theater dann aber auch wirklich alle Menschen erreicht, ist illusorisch. Niemand kann die Diversität einer modernen Gesellschaft gleichzeitig und vollumfänglich bearbeiten – das zu fordern, wäre eine Überforderung. Wie kann sich eine ganze Gesellschaft in einem Ensemble, in einem Spielplan abbilden? Das klingt nach einem Computerprogramm, nicht nach einem Theater. Vielfalt muss herrschen, keine Frage, aber gleichzeitig muss man sich auch für Schwerpunkte entscheiden. Und dann können sich verschiedene profilierte Theater ergänzen, dass in der Gesamtschau der Theaterlandschaft die gesamte Gesellschaft abgebildet ist.

Wir am Deutschen Theater haben seit einigen Jahren ein Interesse für die queere Szene. Und wer bei der bunten Premierenparty oder einer der Nachgespräche des Stücks »Jeder Idiot hat eine Oma, nur ich nicht«, das das Lebenswerk Rosa von Praunheims thematisiert, dabei war, konnte erleben, dass es gelingen kann, dieser Szene eine Stimme zu geben und in einen Dialog zu kommen.

Kommen wir zu der Frage, wie dialogisch es in einem Theater intern zugeht. Wie diskutieren Sie am Deutschen Theater über bestimmte Schwerpunktsetzungen und wer trifft am Ende die Entscheidung?

UK: Ein Intendant hat durchaus mit seinem Team die Aufgabe, das Profil des Hauses zu entwickeln. Ein solches Profil ist dann aber von Intendant zu Intendantin und von Stadt zu Stadt unterschiedlich. Und natürlich entscheiden am Ende andere, ob es gelungen ist überhaupt ein Profil zu entwickeln, bzw. ob das entwickelte Profil positiv oder negativ zu bewerten ist. Meine erste Theaterstation war in Konstanz, der Stadt, in der ich aufgewachsen bin. Dort habe ich mich stark mit der regionalen Geschichte beschäftigt und wollte die Geschichte als Erkundungs- und Lernort zeigen. Heute arbeite ich am Deutschen Theater in Berlin, ein Haus mit großer, aber auch konfliktreicher Geschichte. Es ist ein Ort spezifisch ostdeutscher Geschichte, für die das Haus offen sein und der es sich stellen muss. Aber der Osten ist natürlich mehr als Ostdeutschland und so haben wir gerade osteuropäische internationale Einflüsse an das DT geholt und spielen seit einigen Jahren in einem eigenen Festival »Radar Ost« Stücke mit thematischem, personalem oder dramaturgischen Bezug zu Osteuropa. So ein Öffnungsprozess hat sich im Dialog mit den Mitarbeitern am Theater entwickelt. Das Zentrum unseres Nachdenkens ist dabei immer die Dramaturgie. Durch sie setzen wir eine Fragestellung – und die löst dann im guten Fall Diskussionen aus und setzt Denkprozesse in Gang.

Das Theater arbeitet mit langen Planungszyklen. Oft steht schon viele Monate im Voraus fest, was wann von wem gespielt wird. Was machen Sie, wenn etwas Aktuelles passiert, beispielsweise die Fridays-for-Future-Bewegung aufkommt oder die sog. Gelbwesten-Proteste in Frank-

reich? Wie reagiert man auf solche gesellschaftspolitischen Diskurse im Theater oder kann man so etwas gar nicht ins eigene Programm aufnehmen?

UK: Auch im Theater gibt es unterschiedliche Geschwindigkeiten. Manchmal tauchen Themen kurzfristig auf, andere Fragen begleiten uns sehr lange. Der Klimawandel ist ja nichts Neues, das erst durch die Fridays-for-Future-Bewegung ins Bewusstsein gekommen wäre. Aber fraglos dringt das Thema heute stärker durch. Am Theater fragen wir uns in einer solchen Situation: Warum dringt ein Thema plötzlich mehr durch? Was sind entscheidende Konfliktlinien, wo hat ein Thema dramaturgisches Potenzial? Ich gebe ein Beispiel: Die Inszenierung »Das Himbeerreich« von Andres Veiel hatte einen Vorlauf von gut zwei Jahren. Am Ende entstand in dieser Zeit ein Schlüsselstück über die Finanz- und Bankenkrise 2008/9, das mehrere Ebenen der Erzählung hat und nicht nur rückwärts etwas bearbeitet, sondern auch grundsätzliche Mechanismen beleuchtet und Fragen für Gegenwart und Zukunft aufwirft. So haben wir ein gesellschaftliches Thema aufgegriffen, einen dramaturgischen Zugriff entwickelt und eine Debatte in der Gegenwart angeregt. Das Gleiche haben wir mit dem Stück »Let Them Eat Money. Welche Zukunft?!« initiiert, ebenfalls von Andres Veiel. Diese Inszenierung befasst sich mit der digitalisierten Arbeitswelt und stellt die Frage nach dem Sinn eines bedingungslosen Grundeinkommens. Auch hier gab und gibt es viele Diskussionen sowohl innerhalb der Theaterszene als auch mit dem Publikum. Aber auch viele Stücke aus der Vergangenheit tragen in sich höchst aktuelle Fragen. Oft geht es in Theaterstücken ja um grundlegende Fragen des Lebens von Fremdheit und Nähe, von Selbst- oder Fremdbestimmung, um Liebe und Politik. Wenn die Balance zwischen altem Stoff und zeitgemäßer Inszenierung stimmt, reizt das immer wieder neu zum Nachdenken über unsere Gegenwart.

In einem Interview mit dem Deutschlandfunk haben Sie kürzlich gesagt: »Theater hat immer den Anspruch, etwas in Bewegung zu setzen.« Können Sie uns ein Beispiel dafür geben, wie Theater etwas in Bewegung setzt?

UK: Ein Beispiel ist unser aktuelles Stück »Ugly Duckling«. In diesem Stück, das auf Grundlage des Märchens vom hässlichen Entlein von Hans-Christian Andersen entwickelt worden ist, geht es um Transformation: Bei Verwandlungen wie vom hässlichen Entlein zum stolzen Schwan geht es um ein Spiel mit Masken, Zuschreibungen und Emanzipation. Wir stellen dem Stoff von Andersen Biografien von Berliner Dragqueens gegenüber, die bewusst mit Geschlechterrollen, Maskerade und Selbstdarstellung spielen. Durch dieses Stück ist uns die Öffnung zu einer Community gelungen, ohne dass wir uns mit deren Zielen automatisch identifizieren. Wir sind ja nicht gerade Anführer der queeren Community. Aber es ist meine Sehnsucht, dass Szenen sich nicht nur selbst begegnen, sondern dass man den Kreis erweitern kann und mit anderen in Dialog tritt. Das kann Theater schaffen. Es ist ja leider ein aktueller Trend zu denken, man sei nur glücklich in Ähnlichkeiten. Gesellschaftlich brauchen wir vielmehr einen Prozess der »Entähnlichung«, wie es der Kameruner Philosoph Achille Mbembe bezeichnet. Diesen Gedanken finde ich toll. Fremdheit und Andersartigkeit ist ja immer auch Herausforderung und Arbeit: Ich muss zuhören und diese Diversität verstehen lernen. Dafür ist Theater da und dafür ist Theater genau richtig.

Die gerade schon erwähnte Öffnung des Theaters für junge Leute ist etwas ganz Ähnliches: Die Kids machen etwas mit dem Haus. Sie rennen durch's Haus, sitzen in der Kantine, stellen Fragen und stellen den Betrieb durch ihre Anwesenheit und ihre Sicht auf das Theater in Frage – Entähnlichung. So entsteht Kommunikation, es ist ein gegenseitiges Begegnen und Lernen. Und in beiden Fällen spürt man im Haus Veränderung und Verjüngung. Am Ende arbeitet Theater an einer Gleichzeitigkeit von Ungleichzeitigkeiten. Gelingt es, dieses Paradox dem Zuschauer erfahrbar zu machen, setzt das etwas in Bewegung. Theater kann produktiv verunsichern, was immer in einem Dialog mündet.

Ein letztes Beispiel dafür, wie Theater etwas in Bewegung setzt: Im vergangenen Jahr hatten wir den Verein »Die offene Gesellschaft« im Haus zu Gast. Ich war total überrascht, dass rund 500 Leute nach kurzen Impulsen im Stande waren, einander zuzuhören und miteinander zu diskutieren. Es fehlten die normalerweise üblichen Koreferate, das Exponieren des eigenen Ichs auf Kosten des anderen. Es war anders, man wollte miteinander etwas erreichen – in meinem Theater. In diesem Moment merkte ich, dass wir gesellschaftlich an einer Schwelle stehen. Viele Menschen wollen wegkommen von dem elitären Gehabe wie »Ich kenne übrigens den Hölderlin auswendig« und sich den Themen der Gesellschaft widmen, eigene Gedanken oder auch eigene Ratlosigkeit teilen.

Sie haben als Person ebenso wie das Deutsche Theater als Institution zur »glänzenden Demo« aufgerufen, einer Demonstration von Kulturschaffenden für Demokratie und Vielfalt, gegen Rechtspopulismus. Ist es ein aktueller Trend, dass man heute als Theater oder als Intendant politischer ist und sich auch außerhalb von Inszenierungen und also dem kulturellen Kerngeschäft zu Wort meldet und gesellschaftspolitisch positioniert?

UK: Man hat schon sehr stark den Eindruck, dass der völkische Nationalismus mehr Raum in unserem Land gewonnen hat. Die Demonstration der »Vielen« – so der Name des Zusammenschlusses vieler Kulturschaffender – ist meiner Ansicht nach vor allem eine Demonstration für etwas: für Demokratie, für den Rechtsstaat, für unsere Verfassung. Ich bin der Meinung, dass die Demokratie ächzt und stöhnt, aber dass sie viele Qualitäten hat. Die Künstler müssen sich kritisch mit der Gegenwart auseinandersetzen und die Politik hinterfragen. Unsere Aufgabe ist nie die Affirmation. Wenn ich aber den Eindruck habe, dass gar nicht mehr gesehen wird, wo die

Qualitäten eines gesellschaftlichen Systems liegen und wenn die Basis der freiheitlich-demokratischen Grundordnung droht, immer schmaler zu werden, dann können und sollen Künstler sagen, wofür sie stehen. Wir wollen mit der glänzenden Demo für das auf die Straße gehen, was wir an Demokratie, Menschenrechten und Kunstfreiheit haben und dabei laut und deutlich zeigen: Wir sind Viele. Jeder ist Viele. Und das müssen wir sichtbar machen – friedlich und kreativ.

Mein Anliegen als Präsident des Deutschen Bühnenvereins ist, dass von den vielen Bühnen im Land Impulse ausgehen. Diese Impulse müssen immer auch streitbar sein. So habe ich zusammen mit dem Präsidium bei meinem Amtsantritt 2017 bewusst Schwerpunkte gesetzt, dass sich der Bühnenverein aktiv einsetzt für Geschlechtergerechtigkeit und die Stärkung von Frauen in Führungspositionen im Kunstbetrieb. Themen wie Digitalisierung, öffentliche Relevanz der Theater und Orchester und die Verbesserung der Arbeitsbedingungen der Künstlerinnen und Künstler haben wir uns außerdem auf die Fahnen geschrieben. Über so etwas gibt es dann schon interne Debatten, aber genau die wollen wir ja anregen. Die »Erklärung der Vielen« zur Auseinandersetzung mit der Herausforderung durch Rechtspopulismus wird in mehr oder weniger jedem Theater verhandelt. Und insofern haben Sie Recht: Es gibt eine Politisierung der Theaterlandschaft, aber in dem Bewusstsein, dass das nicht unsere ganze Arbeit definieren kann. Wir sind keine Kampftruppen, die ein bestimmtes Modell vertreten, sondern wir sind die Verunsicherer – in einem stärkenden Sinne. Wer sich verunsichern lässt, kann Neues lernen und wird dadurch gestärkt. Das gilt sowohl für den Einzelnen als auch für die Gesellschaft als Ganzes.

Sie haben gesagt, dass Theater politischer geworden sind. Nehmen wir noch einmal die von Ihnen erwähnte »Berliner Erklärung der Vielen« zum Thema Demokratie und gegen Rechtspopulismus. Diese enthält eine Einladung zum Dialog sowohl nach innen an die Belegschaften von Theatern und anderen Kulturinstitutionen als auch mit Publikum und Öffentlichkeit. Gab es eigentlich auch negative Resonanz auf dieses Dialogangebot?

UK: Wenige. Viele Theater haben erfolgreich kommuniziert, dass sie niemanden vereinnahmen wollen. Ich habe deutlich gemacht, diese Erklärung als Intendant zu unterstützen, aber nicht für alle Mitarbeitende, sondern für die, die sich dem anschließen wollen. Und das wurde dann auch von meinen Kollegen akzeptiert. Freiwilligkeit ist bei solchen Positionierungen sehr wichtig. So haben wir es auch im Herbst 2015 mit der Frage gehandhabt, ob wir als Theater Hilfsangebote für Geflüchtete machen und das Theater neben Deutschunterrichtsangeboten auch als Übernachtungsort öffnen wollen; wir haben mit den Kolleginnen und Kollegen darüber viel gesprochen. Und natürlich habe ich dabei auch meine persönlich Position dazu geäußert, nämlich dass wir das machen sollten. Aber das war keine Zwangsverpflichtung für alle anderen, sich meiner Meinung anzuschließen. Meinem Eindruck nach gilt ähnliches für viele Theater in Deutschland. Viele Intendanten kommunizieren sehr differenziert in ihre Häuser hinein.

Eine der Grundfragen von künstlerisch handelnden Menschen lautet: Wie bringe ich Handlungsfähigkeit und Sensibilität zusammen? Das sind ja auseinander treibende Pole. Vor lauter Sensibilität kann ich nicht mehr handeln, weil mich alles so traurig macht. Und umgekehrt sind die Handlungsfähigen häufig gerade deshalb handlungsfähig, weil sie nicht groß nachdenken, was passieren könnte und also eher wenig sensibel reagieren. Unsere Arbeit am Theater ist es, Spannung zu erzeugen und mit ihr zu arbeiten. Das ist die Hauptlebensaufgabe. Wer handelt, begibt sich dabei immer in Deutungshorizonte, die er oder sie nicht vollständig beherrschen kann. Wichtig ist deshalb, diese Ambivalenz des eigenen Handelns immer wieder dramaturgisch herauszuarbeiten und somit dafür zu sensibilisieren und gleichzeitig Handlungsoptionen aufzuzeigen. So kann Theater an der Balance arbeiten. Unbewusst denkt man immer, man könne Spannungen auflösen. In der Kunst lernt man aber vielmehr, Spannungen zu gestalten. In einer komplexen Gesellschaft sind wir alle aufgefordert, immer wieder neu zu verhandeln, wie wir miteinander umgehen. Und die Kunst ist dabei eine Unterstützung, weil sie die Menschen nicht gleich in den ideologischen Kampf schickt, nicht gleich die Diskussion beginnt. Im Theater schaut man vielmehr etwas an und kann sich danach auf das Gesehene als etwas Drittes beziehen. Man kann dann über etwas nachdenken, ohne sofort selbst beteiligt zu sein. Menschen brauchen solche Umwege, um nicht gleich in Feindschaften zu verfallen. Und so ist Theater ein Beitrag zum gelingenden Dialog, den wir alle wollen.

Herzlichen Dank für das Gespräch.

DIE RÜCKKEHR DER SALONKULTUR – DEBATTEN IM PRIVATEN RAUM FÜHREN

Ein zweckmäßiger Raum, im Stil der 1990er-Jahre eingerichtet. Helles Neonlicht scheint auf einen großen Tisch, um den herum knapp 20 Menschen sitzen. Sie kennen einander nicht, wohnen in verschiedenen Regionen Deutschlands, sind verschieden alt und haben unterschiedliche Berufe. Und dennoch sind sie alle in den öffentlichen Zweckbau gekommen – das »Haus des Gastes« auf einer Nordseeinsel – weil sie reden möchten. »Wie tickt Deutschland?« lautet die Frage, die sie hergeführt hat und bei aller Verschiedenheit eint sie, dass sie mit anderen über Politik, über Medien und über die Gesellschaft sprechen möchten.

Anfang März 2019 – lange vor Beginn der Urlaubssaison – haben die Verfasser dieses Buches zu einem Salonwochenende auf die ostfriesische Insel Juist eingeladen. Zwei Tage hat die Gruppe verschiedener Menschen diskutiert, zugehört, nachgefragt, Texte gelesen, einander ausreden lassen und Verschiedenheit ausgehalten. In Zeiten, in denen oft von gesellschaftlicher Spaltung die Rede ist und die Sorge besteht, dass Menschen in den Filterblasen ihrer einmal gebildeten politischen Meinung verharren, war dies ein motivierendes Beispiel, wie »Lasst uns reden« praktisch gelingen kann. Am Ende des Salonwochenendes haben nicht alle, aber einige der Teilnehmenden gesagt, dass dieses Miteinander-Reden sowohl Spaß gemacht habe als auch erkenntnisreich gewesen sei.

Es kann also gelingen, fernab von Institutionen, von öffentlich-rechtlichem Bildungsauftrag oder von politischen Parteien miteinander zu reden. Dieser Artikel zeigt auf, unter welchen Umständen Debatten im privaten Raum stattfinden und welche Bedingungen ihr Gelingen wahrscheinlich machen. Dabei liegt der Fokus auf geplanten und organisierten, aber dennoch privaten Anlässen. Spontane Gespräche am Arbeitsplatz, im Familien- und Freundeskreis oder in der Nachbarschaft sind auch Orte der privaten Diskussion, stehen hier aber weniger im Mittelpunkt des Interesses, da sie aufgrund der Zufälligkeit der Begegnung eine Wiederholung unkalkulierbar machen.

Rahmenbedingungen für private Dialoge

Eine Renaissance privater Debattenkultur lässt sich seit einigen Jahren beobachten. Im Folgenden werden die Rahmenbedingungen für das wieder erwachte Interesse an Dialogen im privaten Rahmen analysiert.

Eine neue Salonkultur

Das Berliner Stadtmagazin »tip« titelte im November 2017 »Die besten Berliner Salons«. Im Heft wurden zehn sehr verschiedene private Salons vorgestellt, die in den vergangenen Jahren in der Hauptstadt entstanden sind und Orte privater Debatten geschaffen haben. Diese Rückkehr der Salonkultur wird oftmals als Gegenbewegung zur digitalen Kommunikation durch soziale Medien interpretiert. Gerade in Zeiten zunehmender Kommunikation und permanenter Erreichbarkeit entstehen mit Salons Orte des analogen Gesprächs in überschaubarer Runde ohne, dass Medien oder private Statusmeldungen das Gesagte sofort verbreiten.

Auch wenn die große Zeit der Salons im 18. Jahrhundert lag, waren sie vermutlich nie ganz verschwunden. Heute legendär ist beispielsweise die private Freitagsrunde im Reihenhaus von Altbundeskanzler Helmut Schmidt in Hamburg-Langenhorn. Der Teilnehmerkreis dieser Runde, die sich von 1985 an fast 30 Jahre lang traf, ist mittlerweile bekannt. Doch über die Inhalte des dort Besprochenen wissen wir nur das, was Schmidt selbst veröffentlicht hat (vgl. Schmidt 1999). Interessanterweise gibt es zwar viele Fachbücher zu der Salonkultur vergangener Jahrhunderte, aber keine intensive Beschäftigung mit der gegenwärtigen. Die seit einigen Jahren erscheinende Zeitschrift »Salon« thematisiert den diskursiven Charakter von Salons nicht, sondern versteht sich als »Magazin für Gastlichkeit, Design und Kultur« (www.salon-mag.de/). Als weitere Beispiele für heutige Salons seien hier der bereits seit 1995 bestehende Literarische Salon von Britta Gansebohm in Berlin-Mitte (www.salonkultur.de) sowie die von Stefanie Stoltzenberg-Spies ausgerichteten »Hausabende« in Hamburg (www.strasburgerkreise.com/formate/hausabend/) genannt. Die Autoren dieses Buches betreiben seit 2016 einen Salon für Gesellschaft, Politik, Medien und Kultur (GPMK) in ihrer Wohnung im Prenzlauer Berg und haben das Format inzwischen auch in München und wie oben erwähnt auf der Nordseeinsel Juist durchgeführt (www.molthagen-schnoering.de). Zudem gibt es mit dem »Salonfestival« ein bundesweites Netzwerk von Veranstaltern von Salonabenden. Auf der Website (www.salonfestival.de) wird zentral über die Salons informiert. Auch hier wird sowohl die Abgrenzung des persönlichen vom digitalen Gespräch betont (»Die Wiederbelebung der Salonkultur ist der Beweis, dass digital nicht reicht.«), als auch die Bedeutung der Salongespräche für das demokratische Miteinander herausgestellt (»Wagen Sie es! Reden Sie mit! Hier wird Demokratie auf den Punkt gebracht!«). Allerdings wird für Abende ein Eintrittspreis von 24 Euro pro Person verlangt und inzwischen ist die Süddeutsche Zeitung als Medienpartner an Bord. Inwiefern es sich bei diesen Angeboten also noch um private oder doch bereits um kommerzielle Veranstaltungen handelt, ist zumindest fraglich.

Offensichtlich fasziniert der Gedanke eines geschützten Ortes der Debatte heute wieder sehr. Kommunikationswissenschaftler und Gesellschaftsanalysten setzen diesen Trend in Verbindung mit der fortschreitenden Digitalisierung. Diese wecke die Sehnsucht nach dem Analogen, das Bedürfnis nach Intimität und dem Verborgenen, konstatierte der Kommunikationswissenschaftler Dominik Pietzcker schon 2014. Dies geschehe gerade aufgrund einer verstärkten digitalen Kommunikation, weil digitale Medien unfähig seien, echte Nähe und Bindung aufzubauen (vgl. Pietzcker 2014). Der kanadische Journalist und Autor David Sax (2017) schrieb gleich ein ganzes Buch über »Die Rache des Analogen«. Er führt darin aus, dass Retro-Trends nicht einfach das Rad der Geschichte zurückdrehen wollen, sondern vielmehr Nischen zurückerobern. Sax argumentiert mit gestiegenen Absatzzahlen von analogen 35mm Filmrollen und Vinyl-Platten, betont aber, dass dies nicht die Vorherrschaft des digitalen Films oder digitaler Musiknutzung angreift. Dieser Gedanke lässt sich ebenfalls auf das Thema dieses Kapitels übertragen: Das direkte, persönliche Gespräch ist eine hochwillkommene Ergänzung zu den zahlreichen digitalen Kommunikationsformen, die wir alle regelmäßig nutzen.

Polarisierung = Politisierung

Die zunehmende Polarisierung von Meinungen in der deutschen Gesellschaft ist mittlerweile gut untersucht. Nicht zuletzt die seit 2013 sichtbar werdende und wachsende rechtspopulistische Bewegung hat maßgeblich dazu beigetragen. Erstmals in der Geschichte der Bundesrepublik gibt es eine längerfristig erfolgreiche politische Kraft rechts von der Union und damit eine Erweiterung des Parteienspektrums an einer Seite. Aber auch innerhalb des politischen Spektrums rechts und links der Mitte zeigt sich eine deutliche Polarisierung. Eine Studie der Konrad-Adenauer-Stiftung zeigt, dass sich Anhänger von AfD und CDU in vielen Einstellungen unterscheiden. In geringerem Maße, aber immer noch erkennbar, gilt selbiges auch für die Einstellungen zwischen Sympathisanten von SPD und Linkspartei (vgl. Pokorny 2018).

Als Beschleuniger der Meinungspolarisierung wirkten seit Sommer 2015 die Debatten über die Migrations- und Flüchtlingspolitik. Die Entscheidung der Bundesregierung, den in Ungarn befindlichen Flüchtlingen die Einreise nach Deutschland zu gestatten und ihnen hier ein Asylverfahren in Aussicht zu stellen, war zunächst begleitet von einer Welle der öffentlichen Sympathie für die Geflüchteten. Einige Zeit später wurde sie jedoch von einer Phase der medialen Kritik an dieser Entscheidung abgelöst. Im Ergebnis entstand ein polarisiertes Meinungsbild zu diesem Thema. Eine Umfrage in Großbritannien ergab 2017 ein gespaltenes Meinungsbild über die zukünftige Migrationspolitik bei Anhängern der Labour-Partei. Einer der Macher der Studie, Marcus Roberts (2017) vom Umfrageinstitut YouGov, fasst zusammen: »Die Einwanderungspolitik ist zu einer großen Herausforderung für Mittelinks-Parteien geworden, weil die Trennlinie zwischen Begeisterung für- und Sorge um Einwanderung mitten durch sie verläuft.« Innerhalb der politischen Linken zeigt sich gleichzeitig eine starke Neigung, kritische Äußerungen gegenüber der Aufnahme von Flüchtlingen aus den eigenen politischen Reihen als rassistisch zu bezeichnen und/oder in die Nähe des Rechtspopulismus zu rücken: Man denke nur an die fortgesetzten Debatten innerhalb der Linkspartei zwischen der ehemaligen Fraktionsvorsitzenden im Bundestag Sarah Wagenknecht und der Parteivorsitzenden Katja Kipping sowie den jeweiligen Anhängern beider Positionen (um nur je einen älteren und einen aktuellen Artikel zu nennen: Strippel 2016 und Schneider 2018).

Vielfach wurde und wird diese Polarisierung beklagt und die gefühlte Abnahme gesellschaftlichen Zusammenhalts bestätigen viele Umfragen. In einer Umfrage der Friedrich-Ebert-Stiftung zeigten sich 81 % der Befragten eher oder sehr besorgt um den Zusammenhalt der Gesellschaft (vgl. Faus/Storks 2019, S. 24). Andere Studien verwenden andere Messinstrumente und kommen daher zu anderen Zahlenwerten. Alle ziehen aber die Schlussfolgerung, dass die Sorge um den gesellschaftlichen Zusammenhalt zugenommen habe. So schreibt der Paritätische Wohlfahrtsverband in seinem Jahresgutachten: »Der soziale Zusammenhalt hat sich in den vergangenen Jahren erheblich verringert.« (Rock 2018, S. 3). Die sechste Ausgabe der Studie »Generation Mitte« des Instituts Allensbach im Auftrag der deutschen Versicherungswirtschaft konstatiert, dass zwei Drittel den gesellschaftlichen Zusammenhalt für schwach oder sogar sehr schwach halten. Dies bedeutet einen Anstieg von 10 Prozentpunkten in nur zwei Jahren (vgl. GDV 2018). Das »Radar gesellschaftlicher Zusammenhalt« der Bertelsmann-Stiftung hat die umfangreichste Operationalisierung des Themas in einer Umfrage vorgenommen und kommt zu einem differenzierten Urteil. So sind in dieser Befragung »nur« 38 % der Befragten der Ansicht, der Zusammenhalt in Deutschland sei gefährdet (25 % Ablehnung, 37 % teils/teils, vgl. Arant u. a. 2017, S. 58). Positiv ist weiterhin, dass die Befragten den Zusammenhalt in ihrem eigenen Umfeld positiver einschätzen als den im Land insgesamt, man könnte lapidar folgern: Die Lage vor Ort ist besser als die Stimmung. Dennoch betont auch diese Studie (ebd., S. 89): »So fühlen sich die Menschen nur mäßig gerecht behandelt, und sie sind der Meinung, dass die Güter in der Gesellschaft nicht wirklich gerecht verteilt sind. Zudem ist die Bereitschaft, sich hilfsbereit und solidarisch zu verhalten, unterdurchschnittlich ausgeprägt.«

Zugleich ist jedoch zu beobachten, dass diese Polarisierung eine Politisierung befördert hat. Ein aktuelles Beispiel: Das Interesse an der Europawahl im April 2019 ist vier Wochen vor den Wahlen signifikant höher gewesen als dies 2014 der Fall war (vgl. BR 2019). Nach Jahren der Diskussion um die Krise der EU-Institutionen, nach dem britischen Brexit-Votum 2016 und dem seither quälend komplizierten und nach wie vor unabgeschlossenen Ablösungsprozess Großbritanniens von der EU interessieren sich mehr und nicht weniger Menschen für Europa. Gerade die eben bereits erwähnte Aufnahme vieler Geflüchteter vor allem im Sommer und Herbst 2015 hat diesen Prozess verstärkt. Dass die Politisierung auch von einer gezielten Instrumentalisierung des Themas Flucht und Migration durch verschiedene politische Kräfte gefördert wurde, haben Forscher am Beispiel Sachsens untersucht (vgl. MIDEM 2018). Auch andere Themen wie Klimaschutz oder Fragen der Netzpolitik haben eine politisierende Wirkung auf weite Teile der Bevölkerung; man denke nur an die breite mediale Berichterstattung über die Schüler-Demonstrationen »Fridays for Future« oder die Bewegungen 2012 gegen das ACTA-Abkommen (Anti-Counterfeiting Trade Agreement) sowie 2019 im Vorfeld der Entscheidung des Europaparlaments zu Uploadfiltern. Es gibt wieder sehr große Demonstrationen mit sechsstelligen Teilnehmerzahlen in Deutschland, wie 2016 gegen das damals geplante TTIP-Handelsabkommen oder im Oktober 2018 zum gesellschaftlichen Zusammenhalt unter dem Motto #unteilbar.

All dies hat dazu geführt, dass private Debatten heute politisierter sind als noch vor einigen Jahren. Man spricht mit Freunden und Familienmitgliedern über (Un-)Gerechtigkeit in Deutschland, über Flüchtlinge und Integration, über Rechtspopulismus und die Lage der Demokratie, über die EU, über Klimaschutz und den möglichen eigenen Beitrag dazu, über Gefahren und Potenziale sozialer Medien und so weiter. Das Charakteristische an privaten Debatten ist dabei ihre Zweckfreiheit. Am Küchentisch geht es nicht um Wählerstimmen, um eine Vereins- oder Gewerkschaftsmitgliedschaft, nicht um die Beeinflussung einer politischen Entscheidung. Zumindest nicht unmittelbar, denn die Trennung zwischen privatem Raum und politischer Arena ist eine künstliche. Dennoch ist es eine andere Situation, ob ich privat mit mir bekannten oder auch unbekannten Menschen über etwas spreche oder anderen Menschen zuhöre, die mit einem professionellen Interesse bei einer TV-Talkshow auftreten.

Faktoren für gelingende Dialoge

Welche Rahmenbedingungen tragen dazu bei, dass im privaten Rahmen konstruktive Dialoge stattfinden können? Auch wenn es keine Garantie dafür gibt, dass eine konstruktive Debatte entsteht, können die folgenden Faktoren das Gelingen von organisierten Dialogen fördern.

Akteure und Themen

Spannend werden Diskussionen im privaten Raum, wenn es gelingt, verschiedene Menschen zu einem Gespräch zu versammeln. Dies ist oft gewünscht, aber nicht leicht umzusetzen. Segregation entlang von sozialen Schichten, Bildungsbiografien und Stadtteilen ist ein allgegenwärtiger Trend. Eine Studie der OECD hat bereits 2011 auf wachsende Einkommensunterschiede in den Mitgliedsländern hingewiesen, die auch in einem verstärkten Heiratsverhalten in der eigenen Einkommensschicht begründet liegen (vgl. OEDC 2011, S. 10 f.). Das Bundesministerium für Arbeit und Soziales ließ 2015 in einer Pilotstudie untersuchen, wie sich räumliche Segregation in deutschen Städten entwickelt, mit dem klaren Ergebnis zunehmender Trennung (vgl. Goebel / Hoppe 2015). Zudem wissen wir seit einigen Jahren, dass die sozialen Medien die Entstehung von »Filterblasen« befördert haben (mehr dazu im Medienkapitel dieses Buches).

Zu hohe Erwartungen an die Durchmischung von Diskussionsrunden sollte man daher nicht haben. Die oben beschriebene Politisierung gilt dabei nicht für alle Bürger gleichermaßen. Das politische Interesse sowie die Bereitschaft zu politischem Engagement sind stärker ausgeprägt unter höher gebildeten Menschen und unter solchen, die zu den besserverdienenden Schichten gehören (vgl. BMAS 2018) sowie unter ehrenamtlich Aktiven (Sport, Kirche, Vereine, etc., vgl. Simonson u. a. 2016, S. 19, diesen Befund speziell für Jugendliche bestätigen auch Steinwede u. a. 2016). Insofern ist die Vorstellung einer privaten Diskussion zwischen Menschen sehr verschiedener Herkunft, sozialer Schichtzugehörigkeit und Bildungsbiografie unrealistisch. Aber dennoch kann eine gewisse Vielfalt organisiert werden, etwa in Bezug auf Alter, Geschlecht und Beruf. Selbst wenn die Teilnehmer einer Gesprächsgruppe aus einer ähnlichen Einkommensschicht kommen, vergleichbare Bildungsbiografien durchlaufen haben und in derselben Region wohnen, blicken Menschen unterschiedlich auf politische oder gesellschaftliche

Fragen. Dies ist zurückzuführen auf die individuelle Prägung durch das berufliche und private Umfeld, wodurch zumindest eine gewisse Breite des Meinungsspektrums hergestellt werden kann.

Thematisch ist eine gewisse Fokussierung zu empfehlen. Zwar lassen sich einzelne Fragen schlecht isoliert diskutieren, aber die Möglichkeiten einer Diskussion im privaten Rahmen sind begrenzt und so sollte auch das Thema eingegrenzt sein. Bei dem privaten Salon, den die Autoren dieses Buches ausrichten, gilt das Prinzip: ein Thema – eine Referentin oder ein Referent. Durch die Begrenzung auf eine eingeladene Person und ihren spezifischen Zugang zum Thema des Abends findet automatisch eine Fokussierung statt. Blickt man auf politische Themen, haben sich in diesem Salon Themen bewährt, die medial eine gewisse Aufmerksamkeit haben oder hatten. Denn zu jeder Diskussion gehört, dass die Teilnehmenden zumindest über ein Basiswissen verfügen, um sich an der Diskussion beteiligen zu können. Rege diskutiert wurde beispielsweise über die Rolle von Umfragen für die politische Meinungsbildung, über aktuelle Berliner Stadtentwicklungspolitik oder über die US-Politik seit der Wahl von Donald Trump zum Präsidenten. Neben politischen Themen haben sich aber auch Themen aus dem Bereich der Medien bewährt, beispielsweise die Veränderung der Medienlandschaft durch soziale Medien oder das Konzept des »konstruktiven Journalismus«.

Bei dem Versuch, über Themen aus der Kunst zu sprechen, zeigte sich dagegen ein hoher Respekt der Anwesenden vor dem Thema. Die Diskussion mit der anwesenden Künstlerin war nicht so lebhaft wie sonst. Viele der Anwesenden hielten sich selbst nicht für kompetent, um in die Diskussion einzusteigen, wie sie uns hinterher sagten. Interessanterweise die gegenteilige Erfahrung brachte ein Abend zu Fragen der Religion. Zwar sagten auch hier viele Anwesende, keinen starken persönlichen Bezug zum Thema zu haben, dennoch wurde engagiert und intensiv diskutiert. Hierbei zeigte sich, dass die generelle Bedeutung des Themas Religion die Diskussionsleidenschaft der Anwesenden angeregt hatte. Die Teilnehmer konnten auf Medienberichte oder zurückliegende Debatten, beispielsweise zu religiösem Fundamentalismus, zur Finanzierung von Religionsgemeinschaften oder zum Verhältnis von spirituellen, sozialdiakonischen und gesellschaftspolitischen Aufgaben der Kirchen, zurückgreifen.

Grundsätzlich gilt bei der Themenwahl, dass Aktualität die Attraktivität eines Diskussionsangebots erhöht. Wie auch bei größeren öffentlichen Veranstaltungen erhöht die Prominenz des Redners den Reiz einer Einladung zu einem privaten Dialog – zumal weil ein Salonabend die Gelegenheit eröffnet, eine Person des öffentlichen Lebens (in unserem Fall neben anderen einen Europaabgeordneten oder einen Bischof) aus der Nähe und in einem zwanglosen Rahmen sprechen zu können.

Gesprächsführung

Ein Charakteristikum privater Gespräche ist ihr unstrukturierter Ablauf. Dies lässt sich für die hier skizzierten Gesprächszusammenhänge jedoch nur bedingt umsetzen. Ab einer Gruppengröße von mehr als acht Personen ist eine Gesprächsführung sinnvoll. Einerseits verlässt man damit erkennbar den Rahmen des situativen privaten Gesprächs. Andererseits ist eine Gesprächsführung im Interesse der Anwesenden an einer gewinnbringenden Diskussion, an der sich potenziell jeder beteiligen kann. Die Kunst liegt darin, anders als bei öffentlichen Veranstaltungen vor einem großen Publikum keine förmliche Moderation durchzuführen, sondern schlicht eine Rednerliste zu führen. Gegebenenfalls ist ein Eingriff in das Gespräch notwendig, sollte das vereinbarte Thema aus dem Blick geraten oder sollten einzelne Personen das Gespräch über Gebühr dominieren beziehungsweise andere Personen sich gar nicht beteiligen. Wichtig ist auch ein Eingreifen der Gesprächsleitung, sollte die oben skizzierte Zweckfreiheit gefährdet werden, indem jemand Werbung für eine bestimmte Organisation, ein Produkt oder ähnliches macht. Grundsätzlich gilt jedoch, dass eine zurückhaltende Gesprächsführung der Diskussion im privaten Rahmen förderlich ist. Wer praktische Hinweise für die eigene Moderation sucht, steht einer großen Vielfalt von Ratgebern gegenüber. Für einen kompakten Überblick empfehlen wir Nauditt/Wermerskirch (2018, S. 90ff.), da diese Autoren den Fokus auf eine dialogorientierte Moderation legen und umfangreiche Erfahrungen in der Organisation gesellschaftspolitischer Dialoge in ihr Buch eingeflossen sind.

Für jedes Gespräch gilt, dass die Teilnehmenden unterschiedliche Voraussetzungen mitbringen. Es gibt Menschen, denen die öffentliche Rede leichter fällt als anderen, es gibt dominante und zurückhaltende Charaktere, es gibt ausschweifende und fokussierte Redner und so weiter. Dies kann man unmöglich in einem privaten Rahmen ausgleichen. Allerdings kann die Gesprächsführung auf bestimmte Aspekte achten, zum Beispiel, ob jemand noch gar nichts gesagt hat und sich möglicherweise über eine direkte Aufforderung dazu freut. Auch ist das Redeverhalten von Männern und Frauen oft unterschiedlich.

Damit alle Anwesenden anfangs schon einmal das Wort hatten, ist eine kurze Vorstellungsrunde empfehlenswert. Es verringert Hemmungen, sich am Gespräch zu beteiligen, wenn das erste Wort in der Runde bereits gesagt worden ist. Zudem bekommt dadurch der Moderator die Möglichkeit, sich ein Bild von der anwesenden Gruppe zu machen. Langatmiges Referieren der eigenen Lebensgeschichte muss von der Gesprächsleistung unterbunden werden, aber der eigene Name und ein kurzer Hinweis, was an dem Thema des Abends interessiert, hilft beim Start in die Diskussion.

Schließlich kommt der Gesprächsführung auch die Aufgabe zu, dann einzugreifen, wenn problematische Äußerungen gemacht werden. Dies gilt etwa für Beleidigungen, menschenfeindliche Pauschalisierungen oder offensichtliche Unwahrheiten. Im Kapitel zu rhetorischen Strategien im Umgang mit schwierigen Äußerungen wird darauf ausführlich eingegangen.

Räume und Dauer

Es mag banal klingen, aber dass man sich tatsächlich in einem privaten Raum trifft, ist nicht unbedeutend. Die eingangs geschilderte Erfahrung, in einem öffentlichen Gebäude zu diskutieren, macht ein privates Gespräch nicht unmöglich, aber es bedarf zusätzlicher Anstrengungen den förmlichen Charakter des Raums zu überwinden und eine vertraute Gesprächsatmosphäre aufzubauen. Dies ist in einer Privatwohnung einfacher. Die bereits erwähnte Zweckfreiheit eines zwar organisierten, aber dennoch privaten Gesprächs ist hier auch klarer erkennbar als in einem öffentlichen Raum.

Die Raumgröße beeinflusst dabei auch die mögliche Teilnehmerzahl. Selbst wenn große Räume zur Verfügung stehen, bestehen für ein als privat wahrgenommenes Gespräch Grenzen der Teilnehmerzahl. Mehr als 30 Personen sollten es nicht sein, optimal ist eine Gruppengröße von rund 20 Personen. Diese Anzahl gewährleistet, dass sowohl jeder, der möchte, auch etwas sagen kann. Gleichsam können diejenigen, die schweigen möchten, dies ebenfalls tun, ohne dass das Gespräch erlahmt.

Die Atmosphäre wird aber nicht nur durch die Größe des Raumes determiniert. Auch Ausstattung und Licht spielen eine wichtige Rolle. Insbesondere nach einem langen Arbeitstag möchte niemand auf harten Stühlen sitzen. Durch die Anordnung der Sitzmöbel im Halbrund nehmen die Anwesenden sich wahr und fühlen sich nicht wie in einer Vorlesung. Das Licht sollte gemütlich sein, ohne die Atmosphäre eines Candle-Light-Dinners zu schaffen. Denn für eine konzentrierte Diskussion ist eine gewisse Helligkeit von Nöten.

Wie lange ein privates Gespräch dauern sollte, wird individuell sehr verschieden bewertet. Gerade deswegen muss der zeitliche Rahmen von Anfang an transparent sein und auch eingehalten werden. Wie für andere Veranstaltungen auch empfehlen wir eine Dauer von rund eineinhalb Stunden. Dies entspricht der Aufmerksamkeitsspanne von Erwachsenen – zumal am Feierabend und in einem privaten Rahmen – und sorgt dafür, dass ausreichend Zeit für intensive Gespräche und viele Aspekte des Themas vorhanden ist. Selbst wenn einige Teilnehmer gern länger weiter diskutieren würden, ist ein Ende des Gesprächs in großer Runde nach etwa 90 Minuten anzustreben. Sinnvoll ist es aber, anschließend Zeit und Raum zum Weiterdiskutieren in selbst gewählten Gruppen zur Verfügung zu stellen. Dann kann auch gut und gerne noch anderthalb Stunden weiterdiskutiert werden.

Und noch eine Anmerkung: Auf leeren Magen diskutiert es sich nicht gerne. Vor der Diskussion eine Kleinigkeit zum Essen bereitzustellen, ist insbesondere bei Abendveranstaltungen, wenn der eine oder andere direkt aus dem Büro kommt, empfehlenswert.

Zusammenfassende Empfehlungen

Das Interesse an direkten Gesprächen in der Gruppe zu aktuellen Fragen ist vorhanden und kann genutzt werden. Selbst in heterogenen Gruppen von Menschen, die sich zuvor nicht kannten, lässt sich schnell eine angenehme Gesprächsatmosphäre herstellen, so dass ein offenes Gespräch möglich wird. Faktoren, die dazu beitragen, im privaten Rahmen gewinnbringend miteinander zu reden, sind folgende:

1. **Privat bedeutet zweckfrei, ungezwungen, angenehm**
   Eine private Diskussion darf keinem bestimmten Zweck dienen und muss weniger formell sein als Veranstaltungen von Unternehmen, Parteien oder Bildungseinrichtungen. Der private Charakter ist umso deutlicher, wenn man sich in Privaträumen trifft. Privatheit ist aber auch möglich, wenn man in öffentlichen Räumen eine angenehme Gesprächsatmosphäre schafft.

2. **Privat bedeutet nicht unstrukturiert**
   Die hier vorgestellten Ideen für Debatten im privaten Raum sind Formen des organisierten Gesprächs. Ein völlig unstrukturiertes Gespräch wie bei einem Abendessen oder einer zufälligen

Begegnung würde für alle Beteiligten unbefriedigend enden. Daher ist eine Gesprächsführung wichtig und richtig.

3. Fokussierung hilft
TV-Talkshows leben von der Multiperspektivität verschiedener Diskussionsteilnehmer, die von den Redaktionen so zusammengestellt werden, dass Kontroversen entstehen können. Private Debatten brauchen diese Kontroverse nicht. Daher ist die Fokussierung auf einen Impulsgeber empfehlenswert, um im Gespräch bei einem Thema zu bleiben.

4. **Die Themen liegen nicht auf der Straße, aber sie stehen in der Zeitung**
Damit eine Diskussion geführt werden kann, müssen die Teilnehmenden ein Mindestmaß an Wissen mitbringen. Daher sind Themen geeignet, die medial bereits im Gespräch sind oder waren. Fachdialoge passen dagegen nicht in den privaten Rahmen.

5. Mischung ist möglich
Viele Menschen beklagen, dass es zu wenige Diskussionen über Meinungsgrenzen hinweg gäbe. Der Traum, sehr viele Menschen zu einer Diskussion zu versammeln, ist verständlich, aber schwer umsetzbar. Dennoch kann der Einladende zu einer privaten Diskussion zumindest auf eine Mischung in Bezug auf Alter, Geschlecht und Beruf achten. Das gewährleistet durchaus schon verschiedene Sichtweisen auf ein Thema.

Quellen

Arant, Regina; Dragolov, Georgi; Boehnke Klaus (2017): Sozialer Zusammenhalt in Deutschland 2017. Radar sozialer Zusammenhalt. Gütersloh: Bertelsmann-Stiftung.
BMAS – Bundesministerium für Arbeit und Soziales (2018): Armuts- und Reichtumsbericht, Frage G17: https://www.armuts-und-reichtumsbericht.de/DE/Indikatoren/Gesellschaft/Politisches-Interesse/G17-Indikator-Politisches-Interesse.html und

G18: https://www.armuts-und-reichtumsbericht.de/DE/Indikatoren/Gesellschaft/Aktive-Engagierte/aktive-und-engagierte.html. Zugegriffen: 7. Mai 2019.

BR (2019): ARD-Deutschland-Trend: Großes Interesse an der Europawahl https://www.br.de/nachrichten/deutschland-welt/deutschlandtrend-grosses-interesse-an-der-europawahl,RPKNj8m. Zugegriffen: 6. Mai 2019

Faus, Rainer; Storks, Simon (2019): Das pragmatische Einwanderungsland. Was die Deutschen über Migration denken. Berlin: Friedrich-Ebert-Stiftung.

GDV – Gesamtverband der Deutschen Versicherungswirtschaft e.V. (2018): Die »Generation Mitte« 2018. https://www.gdv.de/de/medien/aktuell/die--generation-mitte--2018--35798. Zugegriffen: 6. Mai 2019.

Goebel, Jan; Hoppe, Lukas (2015): Ausmaß und Trends sozialräumlicher Segregation in Deutschland. Eine Studie von DIW und SOEP im Auftrag des Bundesministeriums für Arbeit und Soziales. https://www.bmas.de/DE/Service/Medien/Publikationen/a-305-7-abschlussbericht-ausmass-trends-sozialraeumlicher-segregation.html. Zugegriffen: 30. April 2019. Zugegriffen: 1. Mai 2019.

MIDEM (2018): Zusammenhang von Migration und Populismus: Das Beispiel Sachsen. In: MIDEM – Mercator Forium Migration und Demokratie (Hg.): Migration und Populismus. MIDEM Jahresbericht 2018. Dresden, S. 71–83.

Nauditt, Kristina; Wermerskirch, Gerd (2018): Radikal beteiligen. 30 Erfolgskriterien und Gedanken zur Vertiefung demokratischen Handelns. Gevelsberg: Verlag Andreas Kohlhage.

OECD (2011): Growing Income Inequality in OECD Countries:What Drives it and How Can Policy Tackle it? http://www.oecd.org/social/soc/47723414.pdf. Zugegriffen: 1. Mai 2019.

Pietzcker, Dominik (2014): Die neue Sehnsucht nach dem Analogen – Retrotrends im digitalen Zeitalter als Kommunikationsstrategien, in: Dänzler, Stefanie; Heun, Thomas (Hrsg.): Marke und digitale Medien. Der Wandel des Markenkonzepts im 21. Jahrhundert. Wiesbaden: Springer VS, S. 207-219.

Pokorny, Sabine (2018): Von A wie Angst bis Z wie Zuversicht. Eine repräsentative Untersuchung zu Emotionen und politischen Einstellungen in Deutschland nach der Bundestagswahl 2017. Berlin: Konrad-Adenauer-Stiftung.

Roberts, Marcus (2017): Links liegen lassen. Über das schwierige Verhältnis progressiver Parteien zu ihren traditionellen Wählern beim Thema Einwanderung. Erschienen auf: https://www.ipg-journal.de/schwerpunkt-des-monats/migration-und-die-linke-in-europa/artikel/detail/links-liegen-lassen-2183/. Zugegriffen: 5. Mai 2019.

Rock, Joachim (2018): Brücken bauen: Potenziale des Sozialen. Paritätisches Jahresgutachten 2018. Berlin: Deutscher Paritätischer Wohlfahrtsverband.

Sax, David (2017): Die Rache des Analogen. Warum wir uns nach realen Dingen sehnen. Wien: Residenz Verlag.

Schmidt, Helmut (1999): Erkundungen – Beiträge zum Verständnis unserer Welt. Protokolle der Freitagsgesellschaft. Stuttgart: Deutsche Verlags-Anstalt.

Schneider, Jens (2018): Der Konflikt zwischen Kipping und Wagenknecht überlagert alles. https://www.sueddeutsche.de/politik/parteitag-in-leipzig-der-konflikt-zwischen-kipping-und-wagenknecht-ueberlagert-alles-1.4009211. Zugegriffen: 5. Mai 2019.

Simonson, Julia; Vogel, Claudia; Tesch-Römer, Clemens (2016): Freiwilliges Engagement in Deutschland Zusammenfassung zentraler Ergebnisse des Vierten Deutschen Freiwilligensurveys. Hrsg. vom Bundesministerium für Familie, Senioren, Frauen und Jugend.

Steinwede, Jacob; Sandbrink, Katharina; von der Burg, Julian (2016): Jung – politisch – aktiv?! Fragestellung, Methodik und Basisbefunde der empirischen Studie, in: Geiser, Wolfgang; Hanke, Stefanie; Ott, Kerstin (Hrsg.): Jung – politisch – aktiv?! Politische Einstellungen und politisches Engagement junger Menschen. Bonn: J.H.W. Dietz Nachf.

Strippel, Katja (2016): Kipping gegen Wagenknecht. Linke streitet über Flüchtlingspolitik. https://www.tagesschau.de/inland/linke-richtungstreit-101.html. Zugegriffen: 5. Mai 2019.

»RELIGION KANN DAS BESTE IM MENSCHEN AKTIVIEREN« – INTERVIEW ÜBER DIALOGE UND RELIGION MIT CHRISTINA BRUDERECK

Christina Brudereck, Jahrgang 1969, studierte Theologie und lebt als Schriftstellerin in Essen. Sie schreibt, spricht, reimt und reist und verbindet dabei Poesie, Spiritualität und Menschenrechtsfragen. Gemeinsam mit dem Pianisten Ben Seipel bildet sie das Duo »2Flügel«. Sie liebt Indien, Südafrika und das Ruhrgebiet, wo sie in einer Kommunität lebt.

Frau Brudereck, beginnen wir dieses Interview über das Miteinander-Reden mit einer persönlichen Frage: Was war ein Dialog oder eine Debatte, die Sie geprägt hat?

Christina Brudereck: Sehr prägend waren meine Erfahrungen in Südafrika in den frühen 90er-Jahren. Auch wenn das schon länger her ist, fällt es mir zuerst ein. Apartheid war gerade offiziell besiegt, aber noch sehr wirkmächtig. Ich war jung, hatte gerade Abitur gemacht. Als Weiße in einem schwarzen Township zu leben, war eine existentielle Erfahrung. Es hätte für viele in meinem Umfeld gute Gründe gegeben, misstrauisch oder mindestens vorsichtig mir gegenüber zu sein und das Gespräch zu verweigern. Aber ich erlebte pure Freundlichkeit und Neugier. Zur selben Zeit, nur ein paar Kilometer weiter: In einem jüdischen Café fand ich manchmal Trost gegen mein Heimweh. Hier gab es echtes Roggenbrot und gedeckten Apfelkuchen. Auch hier hätte es gute Gründe gegeben, mich – die Deutsche – nicht willkommen zu heißen. Aber wieder erlebte ich Gastfreundschaft. Ich hörte viele Geschichten, zum Weinen und zum Lachen.

In beiden Fällen habe ich erlebt, wie Gespräche die Beteiligten miteinander verbunden haben und veränderten. Und seither war es immer so: Vor allem in Begegnungen mit Fremdem, habe ich mich selbst kennengelernt, etwas mehr von der Wirklichkeit dieser Welt verstanden und auch von Gott etwas entdeckt. Vor allem auf Reisen. Wenn ich schon äußerlich fremd war, zur Minderheit gehörte - in Indien, in Myanmar, in Sarajewo. Dort wurde ich als Protestantin bei einer Tagung immer »unsere Jüngste« genannt wurde, weil Jüdinnen, Muslime und Katholiken ja älter waren... Ich habe sehr profitiert von diesen Erlebnissen. Und immer Geschichten gesammelt, die mir helfen, meine Ideale zu leben: Gastlichkeit, Menschenwürde und Freiheit.

Sie sind Theologin, haben viele Jahre in der Kirche gearbeitet und dabei mit vielen Menschen gesprochen. Was sind Ihre Tipps für ein gelingendes Gespräch mit einem anderen Menschen?

CB: Ich begegne der anderen Person mit Aufmerksamkeit, Neugier, Respekt, Offenheit und einer schönen Portion Humor. Und Irrtumsfähigkeit! Ich sage mir: Ich kann sicher etwas lernen. Ich könnte falsch liegen. Wie wird mich diese Begegnung wohl beschenken? Ich nehme eine Haltung ein, die mein Gegenüber fragen hört: »Wirst Du freundlich sein zu mir? Wirst Du das Heilige in mir achten? Auch wenn ich Dir fremd bin.« Wir gehören zur Familie Mensch – daher weiß ich in jeder Begegnung, dass wir etwas gemeinsam haben. Dass es Erfahrungen gibt, die uns verbinden.

Miteinander zu reden ist ein großer und wichtiger Bestandteil von Kirche. Wie ist die Debattenkultur in der Kirche gegenwärtig?

CB: In meiner lokalen Gemeinde in Essen wird zu Beginn des Gottesdienstes immer gesagt: »Willkommen, wer auch immer Du bist.

Was auch immer Du glaubst. Wo auch immer Du Dich befindest auf Deiner Lebensreise. Wen auch immer Du liebst. Willkommen!« Das sind bewusst gewählte Worte der Gastfreundschaft. Sie drücken den großen Wunsch aus, dass wir Verbundenheit erleben, das Gemeinsame entdecken und feiern – bei aller Eigenheit, die wir jeweils mitbringen. Das empfinde ich als schöne und zutiefst christliche Haltung, man könnte auch sagen als heiligen Wunsch einer religiös fundierten Gemeinschaft.

In der größeren Kirche erlebe ich, dass es manchmal schwerfällt, eine Balance zu finden aus Toleranz und Sichtbarkeit. Manchen fällt es sehr leicht, die Traditionen anderer zu respektieren, sie zeigen aber wenig Nähe zu ihren eigenen Ritualen. Andere wieder hüten die Schätze ihrer eigenen Erzählgemeinschaft, tun sich aber schwer damit, andere Formen und Ausdrücke des Glaubens zu akzeptieren. Ich sehe uns herausgefordert, beides zu üben: Für den eigenen Glauben zu werben und einzuladen, für Positionen, Werte, Grundüberzeugungen einzustehen und gleichzeitig tolerant zu sein, interessiert, offen gegenüber anderen Traditionen, Weltreligionen, Deutungsangeboten. Für den Dialog ist mir wichtig, dass wir immer Suchende bleiben. Gleichzeitig kann es bedeutend sein, anzuerkennen und zu teilen, wenn wir etwas gefunden haben.

In der weltweiten Kirche zeigt sich, was für einen Unterschied es macht, ob eine Religion zur Minderheit oder zur Mehrheit gehört. Immer wieder zeigt sich, dass jede Religion das Schlimmste im Menschen aktivieren kann. Jede kann zur Täterin, aber genauso zum Opfer werden: Muslime in Myanmar. Jesiden durch den IS, Baha'i im Iran, Christen in Nordkorea. Es gibt Angriffe, Androhung von Gewalt, Gefängnisstrafen, Verweigerung von Rechtsschutz, Enteignung, Einschränkung der Versammlungsfreiheit. Unter den Toten sind katholische Priester, buddhistische Nonnen, muslimische Imame, Hindu-Priester, Sikhs. Der globale Antisemitismus wächst. Und mittendrin gibt es Beispiele, wie das Zusammenleben gelingt: Wie die christlichen Kirchen in Indonesien zur Versöhnung aufriefen, nachdem Surabaya von mehreren Selbstmordanschlägen auf Gottesdienste erschüttert worden war. Dass die jüdische Gemeinde in Texas-City Muslimen den Schlüssel zu ihrer Synagoge gegeben hat, nachdem die Moschee angegriffen und durch ein Feuer zerstört worden war. Dass Muslime auf den Philippinen Christen zur Flucht vor Islamisten geholfen oder in Bulgarien eine orthodoxe Kirche wiederaufgebaut haben. Immer wieder zeigt sich, dass jede Religion auch das Beste im Menschen aktivieren kann.

Ein gelingender Dialog braucht Vertrauen der Gesprächspartner. Das Vertrauen in die Kirche ist nicht besonders hoch, die Stichworte lauten Missbrauchsskandal, Geldverschwendung, mangelnde Gleichstellung der Geschlechter und so weiter. Kann Kirche so überhaupt ein Ort gesellschaftlicher Diskussionen werden?

CB: Die Kirche ist für mich einer der wenigen Orte, wo sich überhaupt noch ganz unterschiedliche Menschen begegnen und gemeinsam etwas erleben. Das ist eine riesige Chance. Wenn ich an meine lokale Gemeinde denke: Jugendliche treffen Erwachsene. (Die anders sind als ihre eigenen Eltern.) Kinder treffen ganz Alte. Menschen, die im Frieden groß wurden, treffen auf solche, die Krieg erlebt habt. Obdachlose sitzen neben Bildungsbürgern. Verbeamtete singen mit Freiberuflerinnen. SPD-Mitglieder treffen Grüne. Künstler reden mit Lehrern. Krankenschwestern mit Ärzten. Was für ein Potential! Sie verständigen sich singend, betend und hörend auf das, was uns allen heilig ist. Und mit den Ritualen erleben sie auch die Kraft, die uns zusammen hält und über uns hinausgeht. Ich bin ja auch Mitglied bei den Grünen. Das reicht mir aber nicht. Ich brauche mehr, um Vertrauen, Hoffnung und Liebe durchzuhalten. Ich brauche die Anderswelt. Gebet. Ich könnte auch sagen: Den Dialog mit der Ewigen.

Auf Ihrer Homepage empfehlen Sie mehrere Kirchenprojekte als »Kirche von morgen«. Wie müsste man in der Kirche von morgen miteinander reden, so dass es Ihnen dort gefiele?

CB: Ich liebe die Kirche als Kraftort. Als Schule des Staunens, als Kirche, die das große Geheimnis feiert: Weihnachten. Passion. Leidenschaft. Osternacht. Die Euphorie des Lebens. Kirche stiftet den Wundern ein Gedächtnis. Sie trotzt. Sammelt Geschichten. Inspiriert. Sie ist sinnlich. Kniet nieder und betet an. Bringt zum Schmelzen und zum Schmunzeln. Glaube, das ist Klang. Glocken. Musik. Bach. Oratorium. Kantate. Orgel, die alle Register zieht. Schlagzeug. Chor. Singen. Die Lieder jubilieren, loben und danken. Immer etwas satter und üppiger als die Wirklichkeit. Denn sie hoffen mehr, als wir sehen und haben. Sie stimmen uns ein auf die Anderswelt. Glaube, das ist Duft. Weihrauch. Tanne, Lilie, Rose. Feuer. Licht. Kerzenmeer. Gold. Bunte Fenster. Bilder. Farben. Königsblau. Blutrot. Auferstehungs-Grün. Reines Weiß. Tiefes Schwarz. Menschen, Wolken, Heiligenscheine, Regenbogen. Glaube, das ist fremdes Wort, Zuspruch: »Fürchte dich nicht!«, »Dir ist vergeben!«, »Friede sei mit dir!«. Meine Kirche ist ein Dach, unter dem sich meine Seele bergen kann.

Kirche als Institution und Kirchenvertreter wie Bischöfe mischen sich in politische Dialoge ein, formulieren Forderungen an die Regierung oder entwickeln Positionen. Welche Rolle spielen solche Diskurse jenseits von Gottesdiensten und rein religiösen Aktivitäten in der Kirche?

CB: Ich finde es wichtig, dass die Kirche sich in Diskussionen über ethische Fragen unserer Gesellschaft zu Wort meldet. Ihre Werte einbringt und ihre Angebote. Und sie fordert ja nicht nur, sie tut auch viel: In Kindergärten, Krankenhäusern, Altenheimen, Hospizen – man könnte die Liste fortsetzen. Aber es ist dabei sehr wichtig, dass die Kirche Kraftort ist. Sie ist nicht nur für Moral gemacht! Sie weiß von einer anderen Hoffnung. Sie feiert Auferweckung. Unterbrechung. Trotz. Trostkraft. Überwindung. Liebe, die stärker ist als Scheitern und Angst. Die Schönheit des Ewigen. Füttert die Zuversicht. Sie erlebt und übt Gnade, Verbundenheit und Verwandlung.

Sie weiß noch von einer anderen Kraft, die wir und diese Welt so dringend brauchen.

Seit einigen Jahren arbeiten Sie als freie Künstlerin und Rednerin und Teil des Musik- und Lyrik-Projekts »2Flügel«. Bei all dem geht es oft um Sinnfragen des Lebens, manchmal religiös-spirituell, manchmal aber auch weltlich. Wie treten Sie in den Dialog mit den Zuhörern zu diesen fundamentalen Fragen? Welche Debatten werden mit Ihnen ausgehend von den Veranstaltungen geführt?

CB: Das aktuelle Programm von 2Flügel heißt »Kopfkino«. Ein Abend voller Filme. »Lichtspiele für die Seele«, sagen wir. Der Dialog gelingt wohl durch die Breite der Kunstformen: Da gibt es Poetry-Slam, virtuose Klaviermusik, kleine feine Zeilen und Melodien, Lyrik und Comedy. Wir streifen verschiedene Themen wie Heimat, Flucht, Europa, die autoritäre Welle, die gerade die Welt erschüttert, lachen dann wieder mit Miss Piggy und Miss Marple und reisen weiter mit Miss Sarajevo. Und auch die Musik trifft verschiedene Geschmäcker: U2, Billy Joel, Chopin, Hans Albers, ein 80er Medley, eigene Lieder, Looprekorder und Mundharmonika.

Die Themen sind zunächst unsere eigenen Anliegen. Was uns politisch umtreibt, spirituell beflügelt, menschlich herausfordert oder uns Stärke verleiht. Persönliche Belange, so übersetzt, dass sie auch andere angehen. Die Debatten, die das auslöst, Gespräche, Feedback, Mails, Post des Publikums kreisen um Frieden, Verständigung, Zuhause, Gottvertrauen, Verantwortung und oft geht es um Mut. Denn wir erzählen oft von Menschen, die aufgestanden sind, etwas gewagt und verändert haben. Als Künstlerin will ich meine Stimme nutzen. Von einer Welt erzählen, die es geben müsste. Deren innerster Zusammenhalt die Liebe ist. Die uns alle als Eltern braucht, als Priesterinnen, als Mit-Menschen.

Viele Gesellschaftsanalysen in den Medien oder auch in der Wissenschaft sind tendenziell negativ. Da wird dann eine zunehmende Pola-

risierung von Meinungen, weit verbreitete Angst oder mangelnder Zusammenhalt und zunehmende Vereinzelung beklagt. Wie blicken Sie auf die Gegenwart in Deutschland?

CB: Ich hoffe. Das empfinde ich als so herausfordernd wie erfüllend. Ich hoffe. Schöpferisch, konstruktiv, aufmerksam, oft trotzig. Und gerne auch für andere mit. Ich hoffe, gestärkt durch 70 Jahre Frieden, das Grundgesetz an meiner Seite, Meinungsfreiheit, Reisefreiheit, Menschenwürde. Meine Aufgabe, Geschichten zu erzählen, Worte zu leihen, Gesten und Räume, lastet mich ganz aus – belastet mich aber nicht. Ich erlebe meine Arbeit als heilsam für mich und andere. Gott aufzuspüren in dieser Welt, eine Gemeinschaft und Zusammenhalt zu schaffen, in der alle gleichwürdig leben können, ist eine lebenslange Aufgabe, verleiht aber auch Energie. Vielleicht ist das Vertrauen in Dialog, Gespräch, Miteinander und in Gütekraft eine Entscheidung. Mir ist sie auch eine große Freude.

Herzlichen Dank für das Gespräch.

DAS WIRD MAN JA WOHL NOCH SAGEN DÜRFEN! – RHETORISCHE STRATEGIEN FÜR DIALOGE ÜBER MEINUNGSGRENZEN HINWEG

Jeder kennt diese Situation: In einem Gespräch sagt jemand Sätze wie »Die Medien sind doch in Wirklichkeit von der Politik gelenkt«, »Die da oben machen doch sowieso, was sie wollen« oder »Durch die vielen Ausländer fühlt man sich ja wie ein Fremder im eigenen Land«. Stimmt man diesen Aussagen nicht zu, spürt man in der Regel einerseits den Reflex, etwas dagegen sagen zu wollen. Andererseits fürchtet man gleichzeitig das Unwohlsein, in eine Auseinandersetzung zu geraten und damit eine Situation zu belasten – sei es die Kaffeetafel im Familienkreis, den gemütlichen Abend mit Freunden in der Kneipe oder das Gespräch mit Kollegen in der Kantine. In solchen Situationen stehen Emotion und Verstand gleichermaßen unter Strom. Man fühlt sich durch die Aussage überrumpelt und ist automatisch in der Defensive. Beginnt man in einer solchen Situation ein Gespräch, zeigt sich schnell das Problem, dass die Ebenen gegensätzlich bleiben: Emotionalität versus Rationalität, Affekte versus Argumente, Pauschalisierung versus Differenzierung. Die Gegensätzlichkeit der Pole auf verschiedenen Ebenen macht entsprechende Gespräche schwierig.

Dieses Kapitel widmet sich der Frage, wie konstruktive Dialoge in schwierigen Gesprächssituationen gelingen können. Dies gilt insbesondere für das häufig geäußerte Ziel, man müsse den Dialog mit rechtspopulistisch orientierten Menschen führen. Wobei jemand, der dies sagt, in aller Regel meint, dass andere solche Gespräche führen sollten.

Es wird hier analysiert, was schwierige Aussagen sind und worin genau ihre Problematik besteht. Anschließend wird erörtert, wann man einen Dialog über eine schwierige Aussage suchen sollte und wann dies nicht sinnvoll ist. Im dritten Teil dieses Kapitels werden rhetorische Strategien für entsprechende Gespräche benannt. Dabei sei schon jetzt darauf hingewiesen, dass es mittlerweile eine Fülle von Praxisratgebern gibt, die sich für eine vertiefte Beschäftigung mit der Frage eignen.

Die Erregungskultur

Die Komplexität der hier zu diskutierenden Aufgabe besteht in der Verschiedenartigkeit, mit der unterschiedliche Menschen eine Aussage bewerten. Was für den einen eine völlig normale Aussage sein kann, ist für den nächsten eine gelungene Provokation und für den dritten eine inakzeptable Grenzüberschreitung. Je nach Betroffenheit des Hörers in Bezug auf das geäußerte Thema, je nach Vorwissen, bisweilen aber auch je nach Sprechsituation, wirkt ein und dieselbe Aussage verschieden. Diese subjektive Dimension von Kommunikation ist immer präsent, zumal schon jeder einzelne Mensch auf Aussagen verschieden reagiert, wie es das einfache, aber nach wie vor Verwendung findende »4-Ohren-Modell« oder auch »Kommunikationsquadrat« des Psychologen Friedemann Schulz von Thun aussagt. Demnach hat jede Aussage vier Dimensionen, in denen sie gesendet und gehört werden kann, auf der Inhaltsebene, auf der Beziehungsebene, als Appell sowie als Selbstoffenbarung (Schulz von Thun o. J.). Multipliziert man diese vier Möglichkeiten mit der Anzahl möglicher individueller Wahrnehmungen einer Aussage, erklärt sich das heterogene Spektrum der Interpretationen.

Hinzu kommt in der gegenwärtigen Aufregungsökonomie, dass sich bisweilen Debatten über eine Aussage entspinnen, deren Anstoß am Ende quasi in Vergessenheit gerät. Anfang Mai 2019 ließ sich dieser Mechanismus einmal mehr beobachten, als der Juso-

Vorsitzende Kevin Kühnert mit der Aussage zitiert wurde, er wolle den Automobilkonzern BMW verstaatlichen. Auslöser war ein Interview mit der Wochenzeitung »Die ZEIT«, in dem Kühnert sagte: »Mir ist weniger wichtig, ob am Ende auf dem Klingelschild von BMW ›staatlicher Automobilbetrieb‹ steht oder ›genossenschaftlicher Automobilbetrieb‹« (Die ZEIT 2019). Die im Anschluss an das Interview geführte Debatte enthielt sehr viel Kritik, aber auch positive Kommentierungen des Interviews. Schwierig war an Kühnerts Aussage in den Augen seiner Kritiker der mangelnde Respekt vor Privateigentum, mangelnder politischer Realismus und das Infragestellen der bestehenden ökonomischen Ordnung, wobei gerade letztgenannter Punkt auch positiv kommentiert wurde.

Interessanterweise entfernte sich die Debatte schnell vom im Interview Gesagten und wandte sich den Fragen zu, ob ein Juso-Vorsitzender ökonomisch kompetent genug für die Aussagen sei und ob das Interview der SPD im laufenden Europawahlkampf eher nütze oder eher schade. Auf der Metaebene wurde die Frage diskutiert, wie in Deutschland gegenwärtig Debatten geführt werden. Der Vorsitzende der Jungen Liberalen, Konstantin Kuhle, schrieb gemeinsam mit dem FDP-Bundestagsabgeordneten Johannes Vogel eineinhalb Wochen später ebenfalls in der ZEIT eine Replik auf Kühnert. Er beklagte darin die bisherige Debatte über das Interview: »Leider erschöpft sich die Debatte in erwartbaren Ritualen: ›Geh doch nach Venezuela‹ versus ›Keine Denkverbote!‹ – schließlich sei etwas ›aus den Fugen geraten‹. So schallt es hin und her.« (Vogel/Kuhle 2019)

Dieses Beispiel einer von vielen als schwierig bewerteten medialen Aussage verdeutlicht die Vielfalt an Deutungen eines einzelnen Statements. Zudem zeigt sich hier, dass die individuelle Wahrnehmung einer Aussage nicht vom thematischen und medialen Umfeld zu trennen ist. Jedes Gespräch über Kapitalismus, Staatshilfen für in wirtschaftliche Schieflage geratene Unternehmen oder die Zunahme der Sharing-Economy wird auf das Interview Kühnerts rekurriert haben. Und egal ob kritisiert oder befürwortet, das Interview und die folgende Debatte haben die Gemüter erregt. Weitere Beispiele für erregte Debatten sind schnell zur Hand: Man denke an die Debatte, die dem ersten Urteil zu einem Fahrverbot für Dieselfahrzeige folgte oder dass viele Menschen die Ablehnung von Upload-Filtern teilten, obwohl sie wenig Ahnung von ihrer technischen Funktion hatten. Und wie im ausgeführten Fall des ZEIT-Interviews wurde meist auch darüber diskutiert, wie wir über Themen diskutieren.

Auch von kommunikationswissenschaftlicher Seite wurde und wird die »Erregungskultur« erforscht. Die Ergebnisse zeigen die schnelle Bereitschaft zu einer Debatte, meist jedoch bei gleichzeitiger Vermeidung eines fundierten Diskurses (vgl. Weichert 2016).

Was kennzeichnet eine schwierige Aussage?

Trotz der geschilderten höchst individuellen Reaktion auf Aussagen sowie einer gewissen Erregungskultur, bewegt sich die Bewertung nicht im völlig beliebigen Raum. Es gibt Kriterien, um ein objektiviertes Urteil über eine Aussage zu treffen und diese als schwierig bzw. widerspruchswürdig einzustufen. Ein erstes Kriterium ist die Pauschalisierung. Wann immer Pauschalurteile über große Menschengruppen gefällt werden, ist der Weg zu einer problematischen Aussage kurz, einfach daher, weil die Realität komplexer ist als nahezu alle Pauschalisierungen. »Die Griechen sind gierig« oder »Der arabische Mann missachtet die Rechte von Frauen« sind zwei Beispiele aus Debatten der vergangenen Jahre über europäische Kredite an den Staat Griechenland, über die Angriffe und sexuellen Übergriffe gegen Frauen in der Silvesternacht 2015/16 in Köln, aber auch in anderen deutschen Städten. Beide Aussagen haben selbstverständlich mit realen Problemen zu tun, die hier nicht negiert werden sollen. Allerdings schließen sie zugleich viele unbeteiligte Menschen mit ein (vgl. in Bezug auf die Debatte zur Kölner Silvesternacht Çetin 2018 und zur Selfie-Kampagne der Bild »NEIN! Keine weiteren Milliarden für die gierigen Griechen« Bildblog 2015). Die Antidiskriminierungsforschung hat umfangreich belegt, dass sich Pauschalurteile über Menschengruppen zu Stereotypen verdichten, die wiederum mit Vorurteilen belegt sind und in menschenfeindliche Einstellungen münden können (vgl. Thiele 2016). Die Langzeitstudie »Deutsche Zustände« hat Anfang der 2000er Jahre den Begriff der »gruppenbezogenen Menschenfeindlichkeit« geprägt, der die Folge einer pauschalen und vorurteilsbeladenen Wahrnehmung von Personengruppen beschreibt (vgl. Zick u. a. 2008).

Das Einebnen von Binnendifferenzierung innerhalb konstruierter Gruppen ist eine weitere Spielart des Pauschalisierens, die häufig von Rechtspopulisten selbst eingesetzt wird. So bilden Geflüchtete oder Muslime nicht wie behauptet eine homogene Einheit, sondern differenzieren sich in verschiedene Konfessionen, Herkunftsregionen, Lebensstile, etc. Eine fehlende Differenzierung bedeutet auch der von der AfD erfolgreich eingesetzte Begriff »Altparteien«, der das politisch erheblich verschiedene Spektrum von Linkspartei bis Union zusammenfasst. Diese Pauschalisierung war insofern rhetorisch erfolgreich, als dass auch in Medien und öffentlichen Diskussionen die Parteien jenseits der AfD häufig zu »den etablierten Parteien« zusammengefasst werden, was sprachlich ebenso pauschalisiert wie »Altparteien«. Eine weitere verbreitete Pauschalisierung ist das Sprechen von »dem Islam«. Egal, ob man damit die weltweite Vielfalt von rund einer Milliarde Muslime meint oder »nur« die rund 5 Millionen Muslime, die in Deutschland leben, beide Gruppen sind sehr heterogen in Bezug auf Glauben, praktizierte Religiosität, Lebensstil und politische Orientierung. Eine Zusammenfassung zu »dem Islam« verwischt dies. Aus genau diesem Grund rügte der Deutsche Presserat 2014 einen Kommentar des damaligen stellvertretenden Chefredakteurs der Bild am Sonntag, Nikolaus Fest, der in einem Kommentar »den Islam« als »Integrationshindernis« bezeichnet hatte (vgl. Presserat 2014).

Die dritte Dimension von Pauschalurteilen sind vermeintlich einfache Lösungen für komplexe Herausforderungen. Es kennzeichnet wiederum populistische politische Bewegungen, einfache

Lösungen vorzuschlagen. Um es an einem Beispiel auszuführen, wirkt die Forderung »straffällige Ausländer abschieben« auf den ersten Blick nach einer Lösung für ein bestehendes Problem: Eingewanderte Menschen, die durch Kriminalität ihr Aufenthaltsrecht verloren haben, müssen das Land verlassen, notfalls mit Zwang. Einem Realitätscheck hält der Vorschlag jedoch schwer stand. Abschiebungen scheitern in Deutschland in den meisten Fällen an fehlenden Personalpapieren oder Passersatzdokumenten. Dieses Problem besteht unabhängig von der Frage, ob jemand in Deutschland straffällig geworden ist oder nicht. Zudem weigern sich etliche Staaten, in Deutschland straffällig gewordene Staatsangehörige wieder in das eigene Land einreisen zu lassen – ein weiterer Grund dafür, dass viele straffällige Ausländer nicht abgeschoben werden können (vgl. Hüber 2017).

Neben Pauschalisierungen ist ein zweites Kriterium für eine problematische Aussage die Vorstellung einer bestehenden Ungleichwertigkeit von Menschen. Die freiheitlich-demokratische Grundordnung Deutschlands basiert auf der Menschenwürde (Art. 1 GG) und der Gleichheit aller Menschen (Art. 3 GG). Aussagen, die Menschen unterschiedlichen Wert zumessen – sei es aufgrund von Hautfarbe, Religionszugehörigkeit, Geschlecht oder sexueller Orientierung – widersprechen der freiheitlich-demokratischen Grundordnung. Angesichts der weit verbreiteten Akzeptanz demokratischer Grundwerte in Deutschland sind explizite Ungleichwertigkeitsvorstellungen meist nur im organisierten Rechtsextremismus zu vernehmen und werden lediglich von einer kleinen Minderheit der Bevölkerung geteilt. Nach der neuesten »Mitte-Studie« der Friedrich-Ebert-Stiftung weisen nur 2,4 % der Deutschen ein sogenanntes geschlossenes rechtsextremes Weltbild auf (vgl. Zick u. a. 2019, S. 142). Allerdings finden einzelne Aussagen deutlich höhere Zustimmung, so zum Beispiel »Aussiedler sollten besser gestellt sein als Ausländer, da sie deutscher Abstammung sind« (Zustimmung 15 %) oder »Die Weißen sind zu Recht führend in der Welt« (Zustimmung 9,7 %, ebd., S. 71). Erkennbar ist hier die Tendenz, Ungleichwertigkeit zu akzeptieren. Man sollte sie nicht überbewerten, aber auch nicht ignorieren.

Ein drittes Kriterium für eine problematische Aussage ist die Verachtung oder Beleidigung von Personen oder Institutionen. Die Anzahl der möglichen Beispiele gerade aus der rechtspopulistischen Szene ist groß. Ein vieldiskutiertes Beispiel sind die beiden Galgen aus Pappe, die Demonstranten bei einer »Pegida«-Demonstration im Oktober 2015 in Dresden mitführten: An ihnen hingen Schilder mit der Aufschrift »Reserviert für Angela ›Mutti‹ Merkel« sowie »Reserviert für Siegmar [sic] ›das Pack‹ Gabriel«. Dieser Galgen wurde später sogar verkauft, wogegen der ehemalige Bundesminister Gabriel erfolgreich klagte (vgl. Fischer 2017). Dass die Herabwürdigung von Spitzenpolitikern in den vergangenen Jahren zugenommen habe, ist häufig zu hören. Eine fundierte Untersuchung dieser Behauptung ist bislang zwar nicht vorgelegt worden, aber die Annahme ist plausibel mit Blick auf die oben ausgeführte Erregungskultur sowie die regelmäßigen verbalen Angriffe auf Politiker und politische Institutionen durch die rechtspopulistische Bewegung. War im Fall der erwähnten Pegida-Galgen die Gewalt »nur« angedroht, ist aus dem Ausland Schlimmeres bekannt: Die 41jährige Parlamentsabgeordnete Jo Cox (Labour) war Verfechterin einer liberalen Flüchtlingspolitik und Gegnerin des Brexits. Sie wurde im Juni 2016 bei einer Veranstaltung gegen den Brexit von einem Attentäter ermordet, der nach Augenzeugenberichten »Britain First« gerufen hatte (vgl. Meier 2016). Dies zeigt, dass die Grenze zwischen Wort und Tat schnell überschritten ist.

Stark pauschalisierte Aussagen, die die Gleichwertigkeit aller Menschen in Frage stellen oder die beleidigen bzw. zur Gewalt aufrufen, sind objektiv Aussagen, die im demokratischen Diskurs keinen Platz haben. Klaus-Peter Hufer, der erstmals 1995 ein Buch gegen Stammtischparolen verfasst hat, fasst die Kriterien in einem aktuellen Interview so zusammen: »Hinter den Stammtischparolen stehen rigide, vorurteilsbeladene, feindselige Denkmuster, die sich dann in entsprechenden aggressiven, selbstgerechten und kategorischen

Sprüchen entladen. Die Stammtischparolen sind per se nicht unbedingt rechtsextrem, aber es gibt fließende Übergänge vom allgemeinen Verdruss, zur Verachtung von Demokratie, zum Populismus, von dort zum Rechtspopulismus und dann in der Tat zum Rechtsextremismus.« (Hufer 2016).

Exkurs: Was ist Rechtspopulismus?

Der Elefant im Raum aller aktuellen Diskussionen um die Debattenkultur in unserem Land ist die AfD, weiter gefasst der Aufstieg einer rechtspopulistischen Bewegung zu einem politischen Akteur in Parteienlandschaft und Gesellschaft. Die Polarisierung von Debatten ist durch diesen neuen Akteur gefördert worden. Debatten werden schärfer geführt und wie zuvor ausgeführt schrecken Debattenteilnehmer auch nicht vor Pauschalurteilen oder Beleidigungen zurück. In diesem Exkurs soll kurz auf die Forschungslage zu Rechtspopulismus eingegangen werden.

Populismus charakterisiert eine Anti-Establishment-Haltung, die einer konstruierten Elite ein ebenfalls konstruiertes Volk entgegensetzt. Als rechtspopulistisch werden Gruppierungen bezeichnet, die sich neben dieser Konfliktlinie zwischen einem politischen »oben« und »unten« eine weitere Konfliktlinie zwischen »Wir« und »die Anderen« eröffnen. Diese wird in der Regel national und kulturalistisch konstruiert, wobei oft die Grenze zum Rassismus überschritten wird (vgl. Decker 2016, S. 11 f.). Es werden Menschen mit einem sichtbaren Migrationshintergrund und ebenso erkennbare Muslime als Nicht-Deutsche ausgegrenzt, unabhängig von deren Staatsangehörigkeit. Gleiches gilt für Menschen anderer politischer Überzeugung, die als »Volksfeinde« ausgegrenzt werden. Ein Unterschied zum revolutionären und meist gewaltaffinen Rechtsextremismus ist die Achtung von bestehendem Recht und Gesetz. Allerdings gilt diese nur vorläufig: »Das Ziel ist aber auch hier ein revolutionäres, das aber vor allem durch Kommunikation erreicht werden soll: Die Kulturrevolution von rechts.« (Pfahl-Traughber 2010, S. 59).

Dieser kommunikativen Strategie entsprechend legt die AfD keinen prioritären Wert auf die Mitarbeit in parlamentarischen Gremien. Sie findet zwar durchaus statt – in unterschiedlichem Maß und mit unterschiedlicher Professionalität (vgl. Butterwegge u. a. 2018). Dadurch unterscheidet sich die AfD von rechtsextremen Parteien mit Parlamentssitzen wie der DVU oder der NPD, die mit dem Parlamentsalltag überfordert waren. Aber die Hauptbühne ihrer Aktivität bleibt die Kommunikation. Wann immer es ihr gelingt, versucht sie eine mediale Debatte anzustoßen – und sei es mit einer Provokation, die breite Ablehnung erntet. Der Parteienforscher der Konrad-Adenauer-Stiftung, Nico Lange, fasst es in einem Interview so zusammen: »Die AfD agiert wie aus dem Lehrbuch der Rechtspopulisten: provozieren, relativieren, erneut provozieren – immer, um in den Schlagzeilen zu bleiben.« (Focus 2016).

Lasst uns reden – denn Sprachlosigkeit ist keine Alternative

Die skizzierte kommunikative Strategie von Rechtspopulisten, möglichst dauerhaft im Gespräch zu bleiben, ruft die Frage hervor, ob ein Dialog überhaupt sinnvoll ist oder ob man entsprechende Aussagen besser ignorieren sollte. Die unbefriedigende Antwort lautet: Es kommt darauf an. Eine generelle Gesprächsverweigerung ist nicht zu empfehlen. Die Neigung, den Dialog sofort zu beenden, wenn eine als schwierig eingeschätzte Äußerung gesagt ist, verhindert die Reflektion über das Gesagte. In diesem Moment ist die Vorurteilsfalle zugeschnappt – und der Dialog wird kompliziert bis unmöglich. Denn nicht jede Aussage, die eines oder mehrere der oben genannten Kriterien einer problematischen Aussage erfüllt, weist auf eine rechtsextreme Einstellung des Sprechers hin. Neben der Verurteilung des Gesprächsteilnehmers kommt es zu einem weiteren Problem durch Abbruch der Unterhaltung: »Wenn sich alle in ihr Kämmerchen zurückziehen, dann werden die eigenen Ansichten nicht mehr in Frage gestellt.« (Steffan 2019, S. 15).

Der Absender – »Alltagspopulisten« oder politisch Organisierte?

Wenn ein Dialog weder uneingeschränkt zu empfehlen noch pauschal davon abzuraten ist, braucht es Kriterien, nach denen ein Gespräch gesucht werden sollte. Grundlage dieser Entscheidung ist eine Analyse der jeweiligen Gesprächssituation, die zentral den Absender einer Aussage sowie den Zuhörerkreis in den Blick nimmt.

Die erste wichtige Frage an die Situation lautet: Kenne ich den Absender persönlich? Wenn dem so ist, wird ein Gespräch deutlich wahrscheinlicher als mit einem persönlich unbekannten Absender. Natürlich gibt es auch innerhalb von Familien oder Freundeskreisen Situationen, in denen ein Gespräch keinen Sinn ergibt, beispielsweise wenn bereits nennenswerte Mengen Alkohol konsumiert worden sind oder das Ende einer Verabredung unmittelbar bevorsteht. Aber in diesem Fall bestünde ja auch die Möglichkeit, zu einem späteren Zeitpunkt das Gespräch zu suchen.

Ist der Absender einer Aussage nicht bekannt, stellt sich die Frage, ob die Person politisch organisiert ist und daher möglicherweise die Aussage mit einem bestimmten, vorher feststehenden Interesse getätigt hat. Die sogenannte »Wortergreifungsstrategie« wurde Mitte der 2000er Jahre von der NPD angewendet. In der 2006 erschienenen internen Publikation »Argumente für Kandidaten & Funktionsträger« beschrieb der damals amtierende Bundesvorsitzende der NPD Udo Voigt das Ziel dieses Vorgehens: »Es wird immer schwieriger, eigene NPD-Veranstaltungen in Deutschland durchzuführen. Besuchen wir daher im Sinne der Wortergreifungsstrategie die Veranstaltungen des politischen Gegners.« (Demokratie leben o. J.). Diese Strategie benennt also das Ziel, einen Dialog zu erzwingen und einen Diskurs gezielt zu beeinflussen.

Nun ist die NPD zwar heute politisch bedeutungslos, aber das Prinzip der Wortergreifung wird weiterhin angewandt, nicht zuletzt in sozialen Medien. Rhetorisch und strategisch sind die Muster ähnlich (vgl. Hillje 2017): Man stilisiert sich selbst zum Opfer, das aus Debatten viel zu oft ausgeschlossen werde und wer den Dialog ablehne, verhalte sich undemokratisch. Zudem ist bereits erwähnt geworden, dass AfD-Vertreter mit Provokationen und der gezielten neuen Deutung von Zusammenhängen oder Ereignissen arbeiten. Man denke nur an die Aussage des Parteivorsitzenden Alexander Gauland, die Periode des Nationalsozialismus sei lediglich ein »Vogelschiss« in der deutschen Geschichte oder an die Bezeichnung des Holocaust-Mahnmals als »Denkmal der Schande« durch den Thüringer AfD-Fraktionsvorsitzenden Björn Höcke (vgl. Amadeu Antonio Stiftung 2017, S. 38).

Besteht der Eindruck, dass das Gegenüber Mitglied einer politischen Organisation ist und durch eine Aussage gezielt provozieren möchte, ist es ratsam, sich dem Dialog zu entziehen, um nicht der gezielten Provokation Aufmerksamkeit zu verschaffen. Die Regel wird dieser Fall aber nicht sein, sondern meist wird man schlicht nicht wissen, ob das Gegenüber politisch organisiert ist oder nicht. Daher ist ein weiteres wichtiges Kriterium für die Frage nach der Sinnhaftigkeit eines Dialoges der Zuhörerkreis.

Der Zuhörerkreis

Gibt es Zuhörer und Zuschauer eines Dialogs oder nicht? Ein Dialog mit einer unbekannten Person, ohne andere Anwesende kann dem persönlichen Interesse oder der persönlichen Weiterbildung dienen. Es ist letztlich eine individuelle Entscheidung. Anders ist die Lage, wenn andere anwesend sind und eine problematische Aussage vor Publikum gefallen ist.

»Rassistische, menschenverachtende und herabwürdigende Äußerungen dürfen nicht unwidersprochen bleiben«, empfiehlt die Broschüre »Nachfragen, Klarstellen, Grenzen setzen« der Amadeu-Antonio-Stiftung (2018, S. 7). Die Erfahrungen in der Auseinandersetzung mit dem Rechtsextremismus seit den späten 1990er-Jahren haben gelehrt, wie wichtig es ist, eine rassistische oder neo-nazistische Aussage nicht unkommentiert stehen zu lassen. Dies erweckt für die Zuhörenden den Eindruck, die Aussage sei akzeptabel. Damit wäre das oben skizzierte zentrale strategische Ziel der rechtspopulistischen Bewegung erreicht: eine Diskursverschiebung des öffentlich Sagbaren (vgl. Schutzbach 2018). Daher muss im Falle eines vorhandenen Zuhörerkreises einer problematischen Aussage widersprochen werden. Dies gilt auch für Diskussionen mit Amts- oder Mandatsträgern der AfD. Auch wenn man diese sehr wahrscheinlich nicht argumentativ überzeugen kann – ebenso wenig wie umgekehrt – ist Widerspruch wichtig, damit die anwesenden Zuhörer nicht das eigene Schweigen als Zustimmung deuten.

Sofern der Zuhörerkreis sehr groß oder für das Anliegen besonders relevant ist, ist er wichtiger als der unmittelbare Gesprächspartner. Dies ist gerade bei AfD-Vertretern zu beobachten. So verließ die heutige Fraktionsvorsitzende der AfD im Bundestag Alice Weidel am 6.9.2017 die ZDF-Talksendung »Wie geht's, Deutschland?« im Vorfeld der Bundestagswahl 2017 vorzeitig, nachdem der damalige CSU-Generalsekretär Scheuer sie aufgefordert hatte, sich von »Rechtsradikalen« in der eigenen Partei abzugrenzen. Eine Fortsetzung des Dialogs mit den anwesenden Gesprächspartnern und eine argumentative Beschäftigung mit der sie störenden Aussage von Andreas Scheuer waren somit offenkundig nicht in ihrem Interesse. Dass sie die Debatte damit gewissermaßen verloren hat, wog aber weniger schwer als die folgende Kommunikation an die Öffentlichkeit: Weidel wurde als Opfer der anderen anwesenden Parteien dargestellt und die Moderatorin Marietta Slomka scharf angegriffen. Sowohl die Abgrenzung von allen anderen Parteien als auch Kritik am öffentlich-rechtlichen Rundfunk sind zwei bedeutsame Inhalte der AfD-Rhetorik und beides konnte in dieser Geste medienwirksam ausgedrückt werden. Kurze Zeit nach dem Verlassen des TV-Studios wurde dann auch eine umfangreiche Pressemitteilung der AfD verschickt, woraus geschlossen wurde, dass der Abgang geplant gewesen sei, so der Medienwissenschaftler Jo Groebel in einem Interview mit dem Magazin »Focus« (vgl. Focus 2017). Auf jeden Fall zeigt sich an diesem Beispiel, dass Alice Weidel nicht ihre Gesprächspartner, sondern die Zuschauer fokussierte.

Dieser Effekt lässt sich aber auch umgekehrt beobachten. Das

Sommerinterview 2018 des ZDF-Journalisten Thomas Walde mit dem AfD-Parteivorsitzenden Alexander Gauland wird stets als Beispiel dafür genannt, wie es einem Interviewer gelungen ist, den Gesprächspartner ernst zu nehmen, ohne dessen Agenda zu übernehmen, sondern die eigene durchzusetzen. So fragte Walde nach Konzepten der AfD für Rente, Klimawandel und Digitalisierung und konfrontierte seinen Gesprächspartner mit problematischen Aussagen der Partei (vgl. Römmele 2019, S. 33). Gauland machte in dem Gespräch abseits seiner Lieblingsthemen Flucht und Migration keine gute Figur und konnte keine eigenen Akzente setzen. Man könnte also folgern, er habe dieses Gespräch »verloren«. Allerdings hat es trotz einer entsprechenden Rezeption des Interviews in den Medien keinen Einbruch in der Beliebtheit der AfD oder Gaulands selbst gegeben. Offenbar bestand der Zuhörerkreis ganz überwiegend aus Personen, die der AfD ohnehin kritisch gegenüberstehen oder umgekehrt überzeugte Anhänger der Partei sind.

Was sagen? Rhetorische Strategien

Es ist somit von großer Bedeutung, den Zuhörerkreis einzuschätzen und danach das eigene Gesprächsverhalten auszurichten. Was aber genau kann man sagen, wenn schwierige Argumente geäußert werden? In den vergangenen Jahren wurde diese Frage häufig gestellt, jedoch meist verengt auf den Dialog mit rechtspopulistisch orientierten Menschen: Es sind zahlreiche Bücher erschienen, die explizit (»Mit Rechten reden«, Leo u. a. 2017) oder implizit (»Zur Sache, Deutschland. Was die zerstrittene Republik wieder eint«, Bittner 2018) darüber reflektieren und Tipps geben. Ein Grundproblem dieser neuen Ratgeberliteratur ist der oftmals gezeigte Paternalismus. »Es ist der das gesamte Buch tragende und durchziehende Überlegenheitsgestus, die herablassende Attitüde gegenüber Linken und Rechten gleichermaßen, der gegen dieses einnimmt«, schrieb Rezensent Stephan Lessenich (2017) in der FAZ über »Mit Rechten reden«.

Keine Überheblichkeit

Dies ist ein erster wichtiger rhetorischer Hinweis: Überheblichkeit, moralischer Überlegenheitsgestus oder schlicht Herablassung sind keine guten Strategien für ein Konfliktgespräch. Zielführender erscheint demgegenüber der Ansatz des Vereins Tadel verpflichtet, der schon im Untertitel empfiehlt, »radikal höflich gegen Rechtspopulismus [zu] argumentieren« (Steffan 2019).

Der pädagogische Anspruch vieler Diskussionsangebote ist ein Grunddilemma. Seit Langem bekannt und intensiv diskutiert ist dieses Dilemma in der politischen Bildungsarbeit. Auch dort stehen normative Überzeugungen – etwa für die Demokratie wirken zu wollen – den Ansprüchen gegenüber, offen für alle zu sein und niemanden indoktrinieren zu dürfen. Bereits in den 1970er-Jahren verständigten sich politische Bildner auf den Beutelsbacher Konsens, der die drei Grundsätze Überwältigungsverbot, Kontroversitätsgebot und Befähigungsanspruch umfasst (vgl. Wehling 1977, S. 179f.). Die Akzeptanz von Kontroverse und die Absage an das Ziel, den anderen von der eigenen Meinung zu überzeugen, sind auch heute Erfolgsfaktoren für schwierige Gespräche. Sie stoßen bisweilen an Grenzen, gerade in der Auseinandersetzung mit Extremisten gleich welcher Couleur.

Basiert der Beutelsbacher Konsens auf der Annahme, dass ein Argument überzeugen kann, ist unsere Gegenwart geprägt vom Vormarsch des Kontrafaktischen. Die Dreistigkeit, mit der die damalige Sprecherin von US-Präsident Trump in der grotesken Kontroverse, ob bei Barack Obamas oder Donald Trumps Amtseinführung mehr Menschen in Washington anwesend gewesen seien, von »alternativen Fakten« sprach, hat im Januar 2017 noch verblüfft. Mittlerweile sind »Fake News« ein geflügeltes Wort und der amtierende US-Präsident selbst hat die Öffentlichkeit immer wieder damit versorgt. Der US-amerikanische Philosoph Harry Frankfurt beschrieb schon 2005 unter dem Titel »On Bullshit« das Phänomen, dass unliebsame Fakten einfach ausgeblendet werden. Dies habe zur Folge, dass Lügen nicht mehr durch Argumente widerlegt werden können (vgl. Frankfurt 2005). Selbst wenn man bemüht ist, Überheblichkeit zu vermeiden und Kontroversität auszuhalten, scheitert ein Dialog, wenn der Gesprächspartner Fakten nicht mehr als solche akzeptiert.

Zur Vermeidung von Überheblichkeit gehört auch der Tonfall. Jeder mag sich selbst fragen, wann sie oder er in einem hitzigen Gespräch voller gegenseitiger Anschuldigungen etwas Neues gelernt oder die eigene Position überdacht hat. Höflich zu bleiben, auf Provokationen nicht einzugehen, nicht laut zu werden, sind wichtige rhetorische Fähigkeiten in schwierigen Gesprächssituationen.

Nachfragen

Ein geeignetes Mittel für die Auseinandersetzung mit schwierigen Argumenten ist die Nachfrage. Fragen öffnen das Gespräch, signalisieren Interesse an dem Gesagten und nehmen es ernst. Dadurch kann der Vorwurf, einen Dialog unterbinden zu wollen, gar nicht erst aufkommen und der Mythos, man dürfe über bestimmte Themen nicht sprechen, erhält keine Nahrung. Zudem eignen sich Nachfragen sehr gut, um die oben ausgeführte Pauschalisierung zu hinterfragen. Ein Beispiel: In einem Salon der Autoren äußerte einer der Teilnehmenden die Ansicht, Medien würden lügen. Durch Nachfragen, welches Medium er meine und ob er ein Ereignis erinnere, dass von den Medien falsch berichtet worden sei, wurde die Aussage ernst genommen. Der Redner konnte allerdings kein Beispiel nennen und seinen Vorwurf nicht untermauern – interessanterweise obwohl kurz zuvor die gefälschten Reportagen des Spiegel-Autors Claas Relotius bekannt geworden waren. So jedoch fiel der pauschale Vorwurf in sich zusammen.

Bei Nachfragen empfiehlt es sich wie in dem genannten Beispiel, um Konkretisierung zu bitten. Ferner kann man nach persönlichen Erfahrungen fragen. Dies ist oft sinnvoll, wenn pauschale Urteile über eine bestimmte Bevölkerungsgruppe ausgesprochen werden, beispielsweise »Die Muslime wollen uns ihre Lebensweise aufzwingen«. Wenn nachgefragt wird, ob man einen Muslim kenne, der dies wolle oder ob man die Erfahrung gemacht habe, von Muslimen in der eigenen Freiheit eingeschränkt worden zu sein, ist dies natürlich nicht ausgeschlossen, aber in den meisten Fällen nicht vorgekommen. Die Nachfrage zielt darauf ab, gehörte und für wahr gehaltene Aussagen an der eigenen Erfahrung zu messen. Schließlich kann es auch sinnvoll sein, nach Gründen oder Quellen für eine geäußerte Aussage zu fragen. Woher hat jemand die geteilten Informationen? Wie vertrauenswürdig ist die entsprechende Quelle? Auch solche Nachfragen können eine schwierige Aussage gewinnbringend hinterfragen.

Widersprechen

Expliziter Widerspruch ist ein wichtiger Bestandteil im rhetorischen Reservoir für schwierige Gespräche. Wie oben bereits ausgeführt, sollte man als problematisch wahrgenommene Aussagen nie einfach stehen lassen, wenn ein Zuhörerkreis vorhanden ist. Denn Schweigen wird gemeinhin als Zustimmung gewertet. Ein deutliches »Das sehe ich ganz anders« kann schon reichen. Und möglicherweise entspinnt sich aus dem Widerspruch ja ein Gespräch über Meinungsgrenzen hinweg.

Vorbereitet sein

Möchte man die Auseinandersetzung mit rechtspopulistisch orientierten Menschen gezielt suchen oder rechnet man damit, Gespräche mit ihnen zu führen, hilft eine inhaltliche Vorbereitung. Man kann nicht auf alles vorbereitet sein, aber es gibt bestimmte Themen, die für die rechtspopulistische Bewegung besonders große Bedeutung haben. Dazu zählen: Einwanderung und Integration, Islam, Gleichstellung der Geschlechter und sexuelle Vielfalt, Verfehlungen von Parteien oder Politikern sowie Medien (insbesondere die öffentlich-rechtlichen). Die Wahrscheinlichkeit, dass man schwierige Aussagen zu einem dieser Themen hört, ist größer als zu anderen Themen. Zivilgesellschaft und Medien haben darauf reagiert, indem umfangreiche Faktensammlungen und Argumentationshilfen veröffentlicht worden sind. Aus der Fülle der Angebote seien hier ohne jeglichen Anspruch auf Vollständigkeit einige genannt:

- Zum Thema Flucht, Migration und Integration gibt es die regelmäßig aktualisierten »Fakten zur Asylpolitik« vom Sachverständigenrat deutscher Stiftungen für Integration und Migration (vgl. SVR 2019).
- Pro Asyl gab gemeinsam mit Gewerkschaften und anderen Vereinen die Broschüre »Pro Menschenrechte. Contra Vorurteile. Fakten und Argumente zur Debatte über Flüchtlinge in Deutschland und Europa« heraus, die mittlerweile in dritter, aktualisierter Auflage vorliegt (vgl. Pro Asyl 2017).
- Zur Bedeutung von Genderfragen für die rechtspopulistische Bewegung legte die Friedrich-Ebert-Stiftung eine zweibändige Expertise vor (vgl. Kemper 2014a und 2014b).
- Zum Thema Islam hat der Mediendienst Integration ein Handbuch für Journalisten herausgegeben, das aber auch für andere Zielgruppen hilfreiche Informationen kompakt aufbereitet zur Verfügung stellt (vgl. Mediendienst Integration 2016).

Neben einer inhaltlichen Vorbereitung kann man sich auch rhetorisch auf entsprechende Gespräche vorbereiten. Rechtspopulistische Gesprächsstrategien sind mittlerweile gut untersucht (um nur ein Beispiel zu nennen vgl. Hillje 2017). Es gibt viele Argumentationstrainings verschiedener Anbieter, um ihnen zu begegnen. Auch zu Fragen der Argumentationsstrategie gibt es Literatur, der Klassiker von Hans-Peter Hufer (2007) ist nach wie vor ein lesenswertes Standardwerk. In der gewerkschaftlichen (DGB NRW 2016) und zivilgesellschaftlichen Praxis der Auseinandersetzung wurden zudem viele Dialogerfahrungen gemacht, die heute als Praxistipps vorliegen (vgl. Gegen Vergessen 2015).

Themenhopping unterbinden

In einem schwierigen Gespräch ist es unbedingt empfehlenswert, bei einem einmal begonnenen Thema zu bleiben. So wurde in der oben erwähnten Diskussion über die Aussage, Medien würden lügen, von einem Gesprächspartner gesagt, Politiker würden ja auch oft lügen. Dies ist jedoch ein anderes und neues Thema. Die Gesprächsleitung insistierte, zunächst bei der Diskussion über die ursprüngliche Aussage zu Medien zu bleiben und so wurde ein Themenhopping unterbunden.

Menschen mit Erfahrungen im Führen schwieriger Gespräche berichten, dass ihre Gesprächspartner häufig das Thema wechseln. Dadurch kommt man inhaltlich nicht voran und immer neue Aussagen fordern zur Auseinandersetzung heraus. Dies vermittelt das Gefühl, den sprichwörtlichen Pudding an die Wand zu nageln, so die feministische Netzaktivistin Anne Wiezorek (vgl. Scheffer 2019, S. 5), was von einer inhaltlichen Diskussion wegführt.

Eine beliebte Variante des Themenhoppings ist der Wechsel der geografischen Perspektive. In Diskussionen über »den Islam« in Deutschland passiert es häufig, dass die Sprache auf Menschenrechtsverletzungen in Saudi-Arabien oder die Lage der Christen in mehrheitlich islamischen Ländern kommt. Im Gespräch über den Zustand der Demokratie in Deutschland wird auf Demokratiedefizite in der EU hingewiesen. Dies sind aber völlig andere Themen, die vom Inhalt des laufenden Gesprächs ablenken.

Persönlich bleiben – Ich-Botschaften

Wie im Abschnitt zu den Nachfragen bereits erwähnt, hilft es, in schwierigen Gesprächssituationen persönlich zu bleiben. Oft erhitzen sich Gemüter in Gesprächen über Dinge, die fernab der eigenen Erfahrung oder der persönlichen Einflusssphäre liegen. Dies ist nicht per se schlecht und gilt fraglos für viele politische Diskussionen. Aber wenn es in einem Gespräch über eine schwierige Aussage hitzig wird, kann durch eine Ich-Botschaft die Perspektive gewechselt werden. So kann man beispielsweise darauf hinweisen, eine bestimmte Erfahrung noch nie gemacht zu haben (»Ich bin noch nie von einem Geflüchteten belästigt worden«) oder eine alternative Sichtweise vertreten (»Ich lese gern die Zeitung xy, da ich auf die dortigen journalistischen Qualitätsstandards vertraue«).

Gegen solche Ich-Botschaften kann der Gegenüber nichts einwenden, da sie auf einer persönlichen Erfahrung und/oder Überzeugung basieren. Zudem eignen sie sich, um das Gespräch in den Kosmos der eigenen Erfahrung zurückzuholen, wenn es zuvor sehr weit davon entfernt war. Zudem ist das Angebot einer Fortsetzung des Gesprächs enthalten, wenn dieses zuvor an einem starken Meinungsgegensatz ins Stocken geraten sein sollte.

Strategie hat Grenzen

Abschließend soll ausdrücklich erwähnt werden, dass die vorherigen Tipps nicht als Blaupause für erfolgreiche Gesprächsführung oder gar als Fahrplan zur Bekehrung anderer zur eigenen Meinung taugen. Die rhetorische Strategie hat klare Grenzen. Gerade bei der Diskussion über politische Überzeugungen und im Gespräch mit jemandem, den man nicht oder kaum kennt, ist die Wahrscheinlichkeit gering, den anderen zu überzeugen. Mit Recht wies Stephan Lessenich in der FAZ auf den Denkfehler vieler Ratgeber hin, jedes Gespräch werde durch das bessere Argument entschieden. Wer sagt schon »Mein Gott, ja, ihr habt recht, mein Argument ist ja gar nicht schlüssig! Mein Volksbegriff eindimensional, mein Islamkonzept unterkomplex, meine Widerstandsattitüde unhaltbar!« (Lessenich 2017)?

Wie reden wir?

Zum Abschluss einige generelle Überlegungen zur Art, miteinander zu reden. Es ist eine alte Erkenntnis der Kommunikationswissenschaft, dass jegliches Sprechen immer in einem kulturellen Umfeld erfolgt und von diesem geprägt ist (vgl. Molthagen-Schnöring 2018,

S. 318f.). In jüngerer Vergangenheit wurde in diesem Zusammenhang das sogenannte »Framing« breit diskutiert (ausführlicher dazu im Politik-Kapitel). Gemeint ist mit diesem Begriff die sprachliche Einbettung von Ereignissen und Themen in bestimmte Deutungsmuster. So können – bei gleichem Inhalt – unterschiedliche Formulierungen einer Botschaft verschiedene Reaktionen des Zuhörers hervorrufen. Zu Recht wurde dadurch ins Gedächtnis gerufen, dass Sprache das Bewusstsein prägt. Die kritische Wahrnehmung der Fluchtmigration seit dem Jahresbeginn 2016 wurde nicht zuletzt dadurch befördert, dass Begriffe wie »Flüchtlingskrise«, »Flüchtlingswelle« oder »Invasion« verwendet wurden. Sie konnotieren das Geschehen negativ, deuten es als Naturereignis oder militärischen Akt (vgl. Stefanowitsch 2018). Die bewusste Verwendung der eigenen Sprache ist daher durchaus bedeutsam, wenn man in schwierige Gesprächssituationen eintritt. Jeder Gesprächsteilnehmer hat die Möglichkeit, ein Thema durch die eigene Wortwahl zu »framen«, also einzuordnen und zu deuten.

Ist dies ein Plädoyer für die viel gescholtene political correctness? Nein in Bezug auf die Hoffnung, durch besonders sensible Sprache Ungerechtigkeiten beheben zu wollen – dafür braucht es mehr als Sprache. Aber durchaus in dem Sinn, dass es empfehlenswert ist, einen diskriminierungsfreien Sprachgebrauch anzustreben. »Es ist eine kulturelle Errungenschaft, dass sprachliche Sensibilität gegenüber Gruppen und Minderheiten entsteht. Wer darüber spottet, hat keine Ahnung von alltäglichen Vorurteilen marginalisierten Gruppen gegenüber«, sagte der Soziologe Armin Nassehi in einem Zeitungsinterview zu seinem Buch über political correctness (Südkurier 2017). Nassehi ist in der jüngeren Vergangenheit einer der wenigen Verteidiger von »PC«. Weitaus häufiger wurde Kritik daran geäußert. Der ZEIT-Mitherausgeber Josef Joffe diskutiert beispielsweise, »[w]arum Political Correctness eine reale Gefahr für die freie Gesellschaft ist« (Joffe 2017). Joffe stellt dar, wie die »Moralkeule« auf der rechten wie auf der linken Seite geschwungen wird. Es ist zugegeben nicht schwer, absurde Beispiele für Sprachverrenkungen zu finden, die im Interesse der political correctness weit über das Ziel hinaus schießen. Darüber reflektiert auch Nassehi (2018) in seinem Buch sehr unterhaltsam. Dennoch fällt auf, dass der Vorwurf, etwas nicht sagen zu dürfen, besonders häufig von denen geäußert wird, die viel Aufmerksamkeit bekommen. Ein paradigmatisches Beispiel hierfür ist Thilo Sarrazin, der in seinem vorletzten Buch ausführlich über »14 Denk- und Redeverbote schreibt« und diese Thesen vor Dutzenden Journalisten vorstellte und später in diversen Interviews ausführen konnte (vgl. Bax 2014). Weniger Redeverbot ist kaum denkbar.

Einerseits bedient die Kritik an political correctness somit den Opfermythos rechtsnationaler und rechtspopulistischer Kreise. Andererseits blendet sie die umfangreich nachgewiesene strukturelle Diskriminierung bestimmter Gruppen aus. Der 11. Bericht der Beauftragten der Bundesregierung für Migration, Flüchtlinge und Integration listet beispielsweise Benachteiligungen von Menschen mit sichtbarem Migrationshintergrund auf dem Arbeitsmarkt, bei der Wohnungssuche oder beim Zugang zu medizinischen Leistungen auf (vgl. Die Beauftragte der Bundesregierung 2016, S. 395ff.). Solchen bestehenden Ungleichheiten auch mit einem sensiblen Sprachgebrauch zu begegnen, ist wichtig. Was dabei als das richtige Maß und was als übertrieben angesehen wird, bleibt mit Sicherheit umstritten. Darüber wird man reden müssen – und genau das will dieses Buch erreichen und fördern.

Quellen

Amadeu Antonio Stiftung: Positionieren, konfrontieren, Streiten. Handlungsempfehlungen zum Umgang mit der AfD. Berlin: Amadeu Antonio Stiftung.

Bax, Daniel (2014): Jetzt mit noch mehr Tabubrüchen. http://www.taz.de/!5047844/. Zugegriffen: 12. Mai 2019.

Bildblog (2015): Selfies gegen Griechenland: Presserat missbilligt »Bild«. https://bildblog.de/66140/selfies-gegen-griechenland-presserat-missbilligt-bild/. Zugegriffen: 17. Mai 2019.

Bittner, Jochen (2019): Zur Sache, Deutschland. Was die zerstrittene Republik wieder eint. Hamburg: Körber Stiftung.

Butterwegge, Christoph; Hentges, Gudrun; Wiegel, Gerd (2018): Rechtspopulisten im Parlament: Polemik, Agitation und Propaganda der AfD. Frankfurt/Main: Westend.

Çetin, Zülfukar (2018): Politik der Zivilisierungsmission im Zusammenhang mit Homophobie und Sexismus. In: Prasag, Nivedita (Hrsg.): Soziale Arbeit mit Geflüchteten. Opladen: Verlag Barbara Budrich, S. 81–94.

Decker, Frank (2016): Die »AfD« aus vergleichender Sicht der Parteienforschung. In: Häusler, Alexander (Hrsg.): Die Alternative für Deutschland. Programmatik, Entwicklung und politische Verortung, Wiesbaden: Springer VS, S. 7–23.

Demokratie leben (ohne Jahr): Glossar, Wortergreifungsstrategie. https://www.demokratie-leben.de/wissen/glossar/glossary-detail/wortergreifungsstrategie.html Zugegriffen: 11. Mai 2019.

Die Beauftragte der Bundesregierung für Migration, Flüchtlinge und Integration (2016): 11. Bericht der Beauftragten – Teilhabe, Chancengleichheit und Rechtsentwicklung in der Einwanderungsgesellschaft Deutschland. https://www.bundesregierung.de/resource/blob/975292/729998/fdcd6fab942558386be0d47d9add51bb/11-lagebericht-09-12-2016-download-ba-ib-data.pdf?download=1 Zugegriffen: 25. Mai 2019.

DGB NRW (2016): Argumente gegen Rechtspopulisten. https://nrw.dgb.de/gewerkschaften-gegen-rechts/++co++a99f1ce0-0883-11e6-aba3-52540023ef1a. Zugegriffen: 12. Mai 2019.

Fischer, Thomas (2017): Galgenvögel! https://www.zeit.de/gesellschaft/2017-12/pegida-galgen-satire-staatsanwaltschaft-sachsen. Zugegriffen: 11. Mai 2019.

Focus (2016): »Lässt Schlimmes ahnen«. Experte stellt AfD-Parteiprogramm vernichtendes Urteil aus. https://www.focus.de/politik/deutschland/interview-mit-konrad-adenauer-stiftung-laesst-schlimmes-ahnen-experte-stellt-afd-parteiprogramm-vernichtendes-urteil-aus_id_5793317.html. Zugegriffen: 11. Mai 2019.

Focus (2017): »Weidel verlässt TV-Talk: ›Es riecht sehr stark nach geplantem PR-Coup‹«. https://www.focus.de/politik/deutschland/bundestagswahl_2017/zdf-eklat-

weidel-verlaesst-tv-talk-es-riecht-sehr-stark-nach-geplantem-pr-coup_id_7559107.
html . Zugegriffen: 21. Mai 2019.

Frankfurt, Harry (2005): On Bullshit. Princeton University Press: Princeton.

Gegen Vergessen – Für Demokratie (Hrsg.) (2015): Widersprechen! Aber wie? Argumentationstraining gegen rechte Parolen. Bonn: Bundeszentrale für politische Bildung.

Hillje, Johannes (2017): Propaganda 4.0. Wie rechte Populisten Politik machen.
2. Auflage. Bonn: J.H.W. Dietz Nachf.

Hüber, Sven (2017): Spurwechsel im Einwanderungsland. In: Deutsche Polizei 11/2017, S. 4–9.

Hufer, Klaus-Peter (2001): Argumentationstraining gegen Stammtischparolen.
Materialien und Anleitungen für Bildungsarbeit und Selbstlernen. 4. Auflage.
Schwalbach/Ts.: Wochenschau Verlag.

Hufer, Klaus-Peter (2016): Argumentation gegen Stammtischparolen.
https://www.fes-mup.de/files/mup/pdf/interviews/Interview_Hufer.pdf.
Zugegriffen: 8. Mai 2019.

Joffe, Josef (2017): Im Wunderland der Korrektheit. https://www.zeit.de/2017/06/
political-correctness-moral-gesellschaft-gleichstellung-korrektheit. Zugegriffen:
21. Mai 2019.

Kemper, Andreas (2014a): Keimzelle der Nation? Teil 1: Familien- und geschlechterpolitische Positionen der AfD. Berlin: Friedrich-Ebert-Stiftung.

Kemper, Andreas (2014b): Keimzelle der Nation. Teil 2: Wie sich in Europa Parteien und Bewegungen für konservative Familienwerte, gegen Toleranz und Vielfalt und gegen eine progressive Geschlechterpolitik radikalisieren. Berlin: Friedrich-Ebert-Stiftung.

Leo, Per; Steinbeis, Maximilian; Zorn, Daniel-Pascal (2018): Mit Rechten reden.
Ein Leitfaden. Stuttgart: Klett-Cotta.

Lessenich, Stephan (2017): Mit der Kraft des besseren Arguments? Frankfurter Allgemeine Zeitung am 20.11.2017. https://www.faz.net/aktuell/feuilleton/buecher/
mit-rechten-reden-mit-der-kraft-des-besseren-arguments-15301832.html.
Zugegriffen: 11. Mai 2019.

Mediendienst Integration (2016): Journalisten-Handbuch zum Thema Islam.
2. Auflage. Berlin.

Meier, Albrecht (2016): Jo Cox erhielt bereits früher Drohungen. https://www.tagesspiegel.de/politik/nach-attentat-auf-jo-cox-jo-cox-erhielt-bereits-frueher-drohungen/
13748114.html. Zugegriffen: 12. Mai 2019.

Molthagen-Schnöring, Stefanie (2018): Rhetorik in der Unternehmenskommunikation
– vom strategischen Gebrauch der Sprache. In: Femers-Koch, Susanne; Molthagen-Schnöring, Stefanie: Textspiele in der Wirtschaftskommunikation. Texte und Sprache zwischen Normierung und Abweichung. Wiesbaden: Springer VS,
S. 309–331.

Nassehi, Armin (2018): Die letzte Stunde der Wahrheit. 2. Auflage. Kursbuch Edition. Hamburg: Murmann Verlag.

Pfahl-Traughber, Armin (2010): »Kulturrevolution von rechts«. Der intellektuelle Rechtsextremismus von der »Konservativen Revolution« zur »Neuen Rechten«. In: Spöhr, Holger; Kolls, Sarah (Hrsg.): Rechtsextremismus in Deutschland und Europa. Aktuelle Entwicklungstendenzen im Vergleich. Frankfurt: Peter Lang, S. 45–59.

Presserat (2014): Rüge für Islam-Kommentar. Pressemitteilung vom 9.9.2014. https://www.presserat.de/presserat/news/pressemitteilungen/datum/2014/. Zugegriffen: 19. Mai 2019.

ProAsyl (2017): Pro Menschenrechte. Contra Vorurteile. Fakten und Argumente zur Debatte über Flüchtlinge in Deutschland und Europa. 3. Aufl. https://www.proasyl.de/wp-content/uploads/2015/12/Pro_Menschenrechte_Contra_Vorurteile_2017_Webversion.pdf. Zugegriffen: 12. Mai 2019.

Römmele, Andrea (2019): Zur Sache! Für eine neue Streitkultur in Politik und Gesellschaft. Berlin: Aufbruch-Verlag.

Scheffer, Tobias (2019): Sag was! Radikal höflich gegen Rechtspopulismus argumentieren. Hrsg. von Tadel verpflichtet e.V. Ohne Ort.

Schulz von Thun, Friedemann (ohne Jahr): Das Kommunikationsquadrat. https://www.schulz-von-thun.de/die-modelle/das-kommunikationsquadrat. Zugegriffen: 8. Mai 2019.

Schutzbach, Franziska (2018): Die Rhetorik der Rechten. Rechtspopulistische Diskursstrategien im Überblick. Zürich: Edition Xanthippe.

Stefanowitsch, Anatol (2018): Eine Frage der Moral: Warum wir politisch korrekte Sprache brauchen. Berlin: Duden Verlag.

Südkurier (2017): Soziologe Nassehi hält Sprachsensibilität für eine kulturelle Errungenschaft. https://www.suedkurier.de/ueberregional/kultur/Soziologe-Nassehi-haelt-Sprachsensibilitaet-fuer-eine-kulturelle-Errungenschaft;art10399,9413442. Zugegriffen: 14. Mai 2019.

SVR – Sachverständigenrat deutscher Stiftungen für Integration und Migration (2019): Fakten zur Asylpolitik. https://www.svr-migration.de/wp-content/uploads/2019/04/SVR_Fakten_zur_Asylpolitik_190408.pdf. Zugegriffen: 12. Mai 2019.

Thiele, Martina (2016): Medien und Stereotype. In: Aus Politik und Zeitgeschichte 9/2016, S. 23-29.

Vogel, Johannes; Kuhle, Konstantin (2019): Die Marktwirtschaft ist nicht das Problem. https://www.zeit.de/politik/deutschland/2019-05/kevin-kuehnert-marktwirtschaft-sozialismus-europa-spd. Zugegriffen: 8. Mai 2019.

Wehling, Elisabeth (2016): Politisches Framing. Wie eine Nation sich ihr Denken einredet – und daraus Politik macht. Köln: Halem Verlag.

Wehling, Hans-Georg (1977): Konsens à la Beutelsbach? Nachlese zu einem Expertengespräch. In: Schiele, Siegfried; Schneider, Herbert (Hrsg.): Das Konsensproblem in der politischen Bildung. Stuttgart: Ernst Klett Verlag, S. 173–184.

Weichert, Stephan (2016): Die Hektik des Hashtags: Überlegungen zur politischen Debattenkultur in der digitalen Erregungsgesellschaft. Wiesbaden: Springer VS.

DIE ZEIT (2019): Was heißt Sozialismus für Sie, Kevin Kühnert? In: Die Zeit 18/2019, S. 8.

Zick, Andreas; Küpper, Beate; Berghan, Wilhelm (2019): Verlorene Mitte – feindselige Zustände. Rechtsextreme Einstellungen in Deutschland 2018/19. Bonn: Verlag J.H.W. Dietz Nachf.

Zick, Andreas; Wolf, Carina; Küpper, Beate; Davidov, Eldad; Schmidt, Peter; Heitmeyer, Wilhelm (2008): The Syndrom of Group-Focused Enmity: The Interrelation of Prejudices Tested with Multiple Cross-Sectional and Panel-Data. In: Journal of Social Issues 64 (2), S. 363–383.

Die Autorin, der Autor

Dr. Stefanie Molthagen-Schnöring ist Professorin für Wirtschaftskommunikation an der Hochschule für Technik und Wirtschaft (HTW) Berlin. Sie lehrt und forscht zu strategischer und politischer Kommunikation sowie zu Folgen des digitalen Medienwandels. Seit April 2019 ist sie Vizepräsidentin für Forschung und Transfer ihrer Hochschule. Geboren und aufgewachsen im Sauerland studierte sie Germanistik, Kommunikations- und Kulturwissenschaften in Münster und arbeitete in Kommunikationsagenturen in Hamburg und Berlin.

Dr. Dietmar Molthagen leitet seit 2018 das norddeutsche Regionalbüro der Friedrich-Ebert-Stiftung (FES) in Hamburg (Julius-Leber-Forum). Zuvor hat er sich in verschiedenen Funktionen für die FES mit Fragen von Migration/Integration, empirischer Sozialforschung sowie mit Rechtsextremismus/Rechtspopulismus beschäftigt. Er studierte Geschichte, Politik und Evangelische Theologie in Hamburg und Leicester, lehrt nebenberuflich politische Kommunikation an verschiedenen Hochschulen und ist im Vorstand einer Kulturförderstiftung sowie beim Netzwerk für Demokratie und Courage aktiv.